岩崎彌太郎物語

「三菱」を築いたサムライたち

三菱史アナリスト
成田誠一

毎日ワンズ

はじめに

今日は岩崎彌太郎《やたろう》の命日である。一二五年前の、明治一八（一八八五）年二月七日、彌太郎は東京・下谷茅町《したやかやちょう》（現台東区池之端）の屋敷で五〇年の生涯を終えた。彼は、幕末維新の社会変革の中で、経済人として才覚を発揮し、「世界の三菱」の礎を築き上げた。失われた一〇年とか、一〇〇年に一度の金融危機とかいわれて久しいが、近代日本の歴史の中で最もエネルギッシュだった経済人といえば、彼をおいて他にいないだろう。

折も折、NHKで大河ドラマ「龍馬伝」がはじまった。幕末の混乱の中で近代日本への舞台回しをした坂本龍馬はまさに国民的英雄だが、その英雄を彌太郎の眼から描くのだという。おもしろいじゃないか。興味津々。わくわくしてくる。

しかし、ドラマはあくまでもドラマ。史実としての坂本龍馬と岩崎彌太郎はどうだったのだろう。本書をまとめることになったきっかけである。

ドラマの中の彌太郎は、常に龍馬に先を越され切歯扼腕しているが、史実として長崎では、海援隊の隊長だった龍馬と土佐商会の責任者だった彌太郎、いかにも土佐人らしく、大酒を飲んでは、議論し、軽蔑し合い、尊敬し合い、夢を語り合った。

しかし、もっぱら政治の世界が活動の場だった龍馬は、長崎と京の間を足繁く行き来する中で、志半ば、三一歳で命を落とす。経済の世界にとどまった彌太郎は、長崎から大阪に移り、土佐藩の海運会社を継承し、さまざまな事業を興し、世界が相手の一大企業集団を形成していく。それは、広い世界に乗り出すという、龍馬と彌太郎、二人の共通の夢の実現でもあった。

そう、龍馬は京に果てたのではない。その精神は龍になり、彌太郎に乗り移って世界を駈けめぐり、明治を生きる多くの人々の心に宿り、「近代国家日本」を建設する原動力になったのだ。

筆者の三菱史観は、彌太郎の曾孫《ひまご》で岩崎家の当主だった故岩崎寛彌《ひろや》氏に負うところが大きい。湯島の居酒屋「シンスケ」のカウンターの端で、記憶をまさぐるように昔のことをポツリポツリと語ってくれた。お互いに干渉せず手酌で、一合の酒に数時間かけた。氏は歳とともに寡黙になり、筆者を呼び出して横に座らせながら無言のままということもあったが、ちらりと横顔を見るだけでも感じさせるものがある「風格」があった。

本書のオリジナルは、三菱広報委員会発行の月刊誌『マンスリーみつびし』に平成一二（二〇〇〇）年から平成二二（二〇一〇）年の今日まで連載してきたものなどで、現に同委員会のホームページほかに紹介されている。本書にまとめるにあたって、新たに加筆修正をし、さらにいくつかの章を書き下ろした。

一〇年間にわたる執筆は三菱史料館の学芸員たちに支えられた。彌太郎の故郷・安芸《あき》市の友人たちの応援もあった。長崎の知人たちも支援してくれた。感謝してやまない。

成田誠一

二〇一〇年二月七日

岩崎彌太郎物語——「三菱」を築いたサムライたち　目次

岩崎彌之助物語

岩崎久彌物語

岩崎小彌太物語

彌太郎ゆかりの人たち

プロローグ——彌太郎と龍馬がともに見た夢

三菱の創業者である岩崎彌太郎は、土佐の田舎の元郷士《ごうし》の家に生まれた。極貧の生活だったが学問に秀《ひい》で、幕末・維新の社会変革の中で才覚を認められて、慶応三（一八六七）年、長崎の土佐商会に派遣された。

土佐商会とは土佐藩の商務部門である開成館の長崎出張所のこと。当時の長崎は海外への窓。彌太郎は、各藩から出張してきている志士や、米英蘭ほかの外国商人と交わり、経済官僚としてめきめき実力をつけていった。

明治維新成り、明治二（一八六九）年、彌太郎は大阪の土佐藩邸に移る。そのころには、土佐商会の機能は開成館大阪出張所に移っており、彌太郎は長崎の経験を生かして大阪・土佐商会の貿易と海運を監督、ついには藩邸の責任者にまで上りつめる。明治三（一八七〇）年、廃藩置県に先んじて、三菱の前身である九十九《つくも》商会を立ち上げて大阪・土佐商会の事業を継承、ライバルに競り勝ち数年で日本最大の海運業者になる。

まさに順風満帆。海運の収益をさまざまな産業に投資し、明治一八（一八八五）年に東京・湯島の自宅で五〇年の生涯を終えるときには、海運のほか金融、倉庫、造船、炭坑、金属鉱山などを擁し、世界を相手とする企業集団・三菱を築き上げていた。

そういう彌太郎だが、三二歳の働き盛りに抜擢され長崎・土佐商会に赴任したのは、吉田東洋の少林塾で一緒だった後藤象二郎のゆえである。藩における身分の差は大きかったが、かつて江戸の安積艮斎《あさかごんさい》の塾で修行した彌太郎の知識と能力は断然光っており、若き日の後藤がしばしば頼りとするところだった。

後藤は山内容堂《ようどう》に重用され、土佐藩の重役になった。時は幕末である。長崎に赴き、藩が必要とする武器や艦船を買い付けるかたわら、坂本龍馬の亀山社中を資金援助することで土佐藩の戦力に取り込む話をまとめるなど、極めて重要な役割を果たしていた。

そういう後藤にも弱点はあった。経済観念がなく、おおらか過ぎて、しばしば理不尽な借金を背負い込みながらまったく気にしない。このため藩では、後藤に直言できる者を補佐として長崎に派遣しようということになったのである。

それで白羽の矢が立ったとあっては、彌太郎としても藩の期待に添わなければならない。龍馬の脱藩赦免状を持った福岡藤次に同道し、長崎に着任した。彌太郎は後藤の活動を「援《たす》ける」とともに「諫める」役もする。後藤にしてみれば、何でも尻拭いをしてくれる便利な存在が来てくれた思いだった。

経済的に行きづまっていた亀山社中は海援隊に衣替えし、有事には土佐藩の別働隊となることなったのだから、毎度堂々と金を要求する。龍馬を筆頭に、もともとワクにはまらない連中である。ダメモトで執拗に食い下がる。

彌太郎は藩の財布を預かる身。理由がなければ金は出せない。脇の甘い後藤から多額の資金を引き出そうともくろんでいた龍馬たちにしてみれば、厄介なやつが着任したという気持ちだっただろう。

薩長を結びつけるなど幕末の混乱の中で非常に重要な役割を果たした龍馬は、今日ではほとんどの日本人に知られている国民的英雄だが、そうなったのは司馬遼太郎の小説や、映画やテレビドラマのゆえである。

龍馬が実際に活躍していたころは、龍馬の一連の動きの本当のところは極めて限られた者しか知らなかった。したがって、長崎の一般の人にとっては、海援隊は航海術に優れた荒くれ者の集団に過ぎなかった。

彌太郎は立場上少々のことは聞いていたと思われるが、まだ大政奉還や明治政府の成立以前の段階ゆえ、龍馬が果たした役割の大きさはまったく理解していない。皆が国の危機を感じ、己の信ずることをがむしゃらにやっていた、そういう時代だった。

彌太郎は、長崎・土佐商会の本来の仕事である鰹節や樟脳《しょうのう》など土佐の産品の売り込みと、武器、弾薬、艦船の類の買い付けに尽力した。とはいえ、鰹節とライフルでは価格レベルがあまりに違う。ストレートに言えば、「ある時払い」で大量の武器を土佐藩のために買い付けることが最大の任務だった。そのため、後藤を補佐して、外国商人たちと連日連夜のように宴会を行ない、土佐藩に対する信用の醸成に努めた。

もちろん役目である海援隊への資金援助も律儀にやった。海運と貿易のほかに何をやっているのかわからない海援隊だったが、「有事には土佐藩の海軍になるのだから日ごろから資金援助して力を付けさせておく」という藩の方針に従って援助を続けた。間もなく後藤は長崎での役目を終えて上方へ移るが、その際、補佐だった彌太郎を長崎・土佐商会の責任者に抜擢した。

彌太郎が責任者になったといっても、龍馬たち海援隊の連中には、格別の思いなどこれっぽっちもない。金さえ出せばいい。彌太郎は操船もできず、剣術もへなちょこ、頭が良いだけでケチなやつ。それでいて、夜な夜な芸者をあげて大騒ぎするけしからん軟弱野郎め。

やっかみもあって、その程度のイメージだった。彌太郎が明治に入って、まさか、まさか、世界に雄飛する三菱を築くことになるなどということは、彌太郎自身この時点では妄想だにしなかったし、ましてや龍馬たちが想像するわけがなかった。

したがって、少なくとも「表面的」には、彌太郎にとって龍馬は、なんとかして藩の財布を緩めさせようとする金食い虫でしかなく、龍馬にとって彌太郎は、財布の紐をがっちり締めるくそ面白くない堅物小役人。お互い、それ以上の何ものでもなかった。

しかし、英雄は英雄を知るところがあったのかもしれない。経済官僚として藩の期待に応えることを第一義とするのが彌太郎。自由な立場で日本の政治を改革しようとするのが龍馬。合うわけがない二人だが、酒が入って天下国家を論じれば、「おぬしできる」とたちまち意気投合した。いずれ広い世界に乗り出すという同じ夢を抱いていたのだ。

長崎時代の彌太郎の日記（『岩崎彌太郎日記』）の中に、龍馬は才谷《さいたに》（龍馬の変名）の名であることもふくめしばしば出てくる。いかにも龍馬らしい、人を喰ったようなところも見られる。たとえば、『いろは丸』出航の日のことである（海援隊が伊予の大洲《おおず》藩から借りたこの『いろは丸』はその後紀州藩の船と衝突、沈没）。

「慶応三年四月一九日、晴れ。後藤参政宅に行く。参政曰く、才谷社中合わせて一六人、一人月五両ずつ払うことにせり。才谷に一〇〇両与えよ、と。森田晋三に一〇〇両を持って行かす。才谷から、一〇〇両は士官の分なり、我の分は如何がなりおるや、と書状を寄越す。参政に尋ねるや、先般既に合意したること、これ以上の要なしと」

その言を楯に彌太郎が突っぱねると、龍馬はなおも、なんのかのと理屈をこね、最後は「是非とも五〇両借用致し度《た》し」とまで言うので、彌太郎は自分の裁量で餞別として五〇両与えた。龍馬の粘り勝ち。この後お決まりのコースで二人は、大いに飲み大いに談ずる。黄昏迫って、やっとおひらきとなる。

こういうのもある。

「六月三日、天気快晴。朝商会に行き公事を談ず。家に戻り、後藤氏宅に行き公事を談ず。午後坂本龍馬来たりて酒を置く。従容として心事を談じ、かねて余、素心在るところを談じ候ところ、坂本掌《て》をたたきて善しと称える……」

公事とは仕事のことで、この場合は『いろは丸』の賠償請求のこと。後段の心事とは何か。素心とは何か。具体的には記されていないが、彌太郎と龍馬のことゆえ、肝胆相照らすものがあったのであろう。

同じ六月、後藤が容堂から京に呼ばれた。薩摩や長州は武力による倒幕をめざしている。土佐の立場は違う。大恩ある徳川家に弓は引けない。後藤は急遽上方に向かうことになり、龍馬を同道する。

上洛する二人を長崎の埠頭で見送った彌太郎は、日記にこう記している。

「六月九日、雨。……午後（後藤と龍馬は）睡蓮《すいれん》船（のちの藩船『夕顔』）に乗る。商会の高橋が随行。……二時、これ出帆なり。余および一同、これを送る。余、不覚にも数行の涙を流す……」

彌太郎の不覚の涙は、「これから日本は変わる」と予感したことを意味するのではなかろうか。いよいよ大政奉還のシナリオが動き出したのだ。

「船中八策」はこの船の中でまとめられた。「天下の政権を朝廷に奉還せしめ、政令よろしく朝廷から出ずべきこと」ではじまり、「上下議政局を設け、議員を置き、万機を参賛せしめ、万機公論に決すべきこと……」と続く、新しい国のグランド・デザインである。これは後藤から容堂に建言され、容堂から徳川慶喜への建白書となって、歴史を大きく動かすことになる。

彌太郎は土佐藩の長崎代表として政治、外交もやらなければならなかった。前にふれた、海援隊が操船していた大洲藩の『いろは丸』が紀州藩の船と衝突し沈没した事件では、龍馬の交渉能力と彌太郎の事務能力、それに後藤を押し立てて藩対藩の問題にした作戦が功を奏し、膨大な賠償金を獲った。また、イギリス人殺傷事件で土佐藩が疑われたときは、粘り強く反論、時に彌太郎は現実的対応も辞さず、批判や屈辱に耐えながら藩の権益を守った。

龍馬は相変わらず長崎と上方の行き来を続けた。しかし、慶応三（一八六七）年一一月一五日、隠れ家としていた四条河原町の醤油屋の二階で、中岡慎太郎とともに惨殺されてしまう。満三一歳だった。

龍馬は新しい日本の政治のあり方を建策し、その実現に邁進しながら、自ら成果を見届けることは叶わなかった。日本の政治を軌道に乗せたら、「世界の海援隊」として七つの海に乗り出し、地球規模の交易をすることを夢見ていたのに……である。

坂本龍馬像

岩崎彌太郎と坂本龍馬。それぞれ、世界に雄飛することを夢見ていた。政治の世界に深入りした龍馬は志半ばで兇刃《きょうじん》に倒れ、夢は夢で終わった。一方、経済の世界に踏みとどまった彌太郎は、海運業を成功させ、多くの産業を興し、ついには世界相手の事業を実現させた。
彌太郎と龍馬の接点は長崎時代のわずか七カ月だった。この長崎で彌太郎は多くの知己を得、視野を広げた。長崎に出入りした勤王の志士たちは明治になって日本を代表する高官となった。グラバーやウォルシュなど外国人からは貿易だけでなく、ものの考え方を学んだ。これからは広い世界が相手だ。そう確信した彌太郎は、大阪へ移って間もなく、弟の彌之助《やのすけ》をアメリカ東部の全寮制のエリート養成校に留学させた。そこは、ほかに日本人のいない、二四時間英語の世界だった。

その彌之助は約一年半後に帰国して三菱の副社長として彌太郎を補佐し、彌太郎亡き後は二代目として三菱を統率して「日本の三菱」を「世界の三菱」へ進化させ、三代目の岩崎久彌《ひさや》、さらには四代目の岩崎小彌太《こやた》へと繋いだのであった。

現在、桂浜の丘の上に坂本龍馬像がある。

龍馬は近視の目をちょっと細めて渋い表情で太平洋のかなたを望んでいる。なかなかの男前。龍馬には何が見えるのか。

薩長同盟を実現させ、大政奉還の建白に尽力し、明治維新のレールを敷いた龍馬だが、長崎の亀山社中や海援隊での活躍が、最も龍馬らしかったのかもしれない。「海援隊約規」に「運輸・開拓・射利・投機」をするとあるが、要は海運業であり貿易業である。

龍馬の夢は実現しなかったが、日本変革への熱き思いはこの世に残った。その心を継承するかのように彌太郎は、海運、貿易、鉱工業、金融と、グローバルに活動を展開し、「世界の三菱」の礎を築いた。それは龍馬が、細い目で遙かに見据えていた日本の将来と大いにダブったことであろう。

岩崎彌太郎物語

彌太郎、土佐、そして母

「ふんぎゃあ、ふんぎゃあ……」

強烈な呱々《ここ》の声。老練な産婆さんもたじろぐほどの生命のほとばしり。

「こがな太い声で泣くややこは、あていは初めて見たぞね。こりゃあ、天下を取るような大物になるろうね……」

岩崎彌太郎。幕末の激動の中を駈け抜け、武士から実業家に転身し三菱を創始した男。土佐国、井ノ口《いのくち》村。貧しい村の貧しい家に生まれた。明治維新まで三三年、天保五年一二月（一八三五年一月）のことである。

土佐は山国。四国山地を北の境にして、裾野が太平洋まで目一杯広がる。他国から隔絶された厳しい地形。だが、真っ青な空、紺碧の海がある。東のはずれは室戸岬、西のはずれは足摺岬。海岸の細く長い平地に、土佐の国の大半の人が住んでいる。

井ノ口村のあたりは安芸氏が長いこと治め、戦国時代末期にいたり長宗我部氏が統一した。しかし、長宗我部氏は関ヶ原の戦いで西軍についたため土佐を追われ、論功行賞で遠州掛川から山内一豊が入国した。以後、明治四（一八七一）年の廃藩置県までの二七〇年余、土佐は山内氏が治めることになる。掛川から来た山内家の家臣たちは上士《じょうし》として肩で風を切り、長宗我部に仕えていた者たちは郷士とされ、士の下、すなわち下士《かし》として厳しく身分を差別された。

岩崎家は甲斐武田の末裔《まつえい》だといわれる。それゆえに、家紋も武田菱《たけだびし》に由来する「三階菱」。岩崎氏は永らく安芸氏に仕え、のち長宗我部氏に仕えた。山内氏入国後は山野に隠れて農耕に従事していたが、江戸中期にいたり郷士として山内氏に仕えるようになった。

郷士は、平時は農耕に従事しているが一朝事あるときは駈けつける「半農半士」である。天明以来飢饉が続き、各地で一揆が起きるなど農村の疲弊は極限に達していた。岩崎氏も彌太郎の曽祖父のときついに郷士の資格を売って食いつながざるを得ないところまで追いつめられた。彌太郎が生まれたとき、岩崎家は正確には「元」郷士の家であり、「地下《じげ》浪人」といわれる立場だった。

彌太郎の母・美和《みわ》は安芸浦西ノ浜の医者の娘だった。一三歳で父を失い高知に出て藩士・五藤氏の屋敷に奉公した。一五歳のときには母をも失った。長兄、次兄とも医者になり、姉は土佐藩随一の儒者・岡本寧浦《ねいほ》に嫁いだ。ということは、苦しい境遇にありながらも必死に努力した兄妹だったということであろう。美和は一六歳のとき長兄の妻の遠縁にあたる地下浪人・岩崎彌次郎《やじろう》に嫁いだ。

美和は逞しさと優しさを身につけていた。ある年の暮れ、近所の女が涙ながらに用立てを頼みにきた。美和はかねがねこの女の性格の弱さを歯がゆく思っていた。

「……お断りするがで。どがな状況じゃぢ、備えをしちょくがが、妻たるもんの役目ぞね」

美和はいったん冷たく拒んだが、女がとぼとぼと帰る姿を見届けると、畦道《あぜみち》を先回りして女の家に行き、障子の破れ穴からなけなしの小銭をそっと投げ入れた。

彌太郎の母はそういう気配りの人だった。のちに彌太郎が実業界で成功してからも岩崎家の精神的支柱であり続け、いわばゴッドマザー的存在として一族の敬愛を一身に集めた。

村の北側にあるのが妙見山《みようけんざん》。頂には神社がある。村一番の腕白坊主になった彌太郎は子分を率いてよく登った。足元には井ノ口村の田畑や家々が広がり、遥かに太平洋がキラキラと光る。黒潮の海。夏は水平線に積乱雲がもくもくとわく。

焦るな、いごっそう

土佐の男は「いごっそう」。一本気で妥協を許さない。強情っぱりだ。酒飲みが多い。何せ殿様自ら「鯨海酔侯《げいかいすいこう》」と称するお国柄だ。昔から土佐では酒を飲み過ぎて死ぬと、「ようそこまで飲んだのうし」と賞賛されたという。「土佐鶴」「司牡丹」「酔鯨」「志ら菊」「玉の井」「無手無冠」「桂月」「松翁」……のんべえにはたまらない響きを持つネーミングだ。

岩崎彌太郎の父・彌次郎ものんべえだった。元郷士とはいえ、実質的に貧農の身であってみれば不満も多かったろう。幼いころの彌太郎に読み書きを教えたそれなりのインテリだったが、酒を飲んではトラブルを起こした。

一方、しっかり者の母・美和は子どもの教育には一家言を持ち、彌太郎がめそめそ泣いても一切無視した。その結果、負けず嫌いで直情径行、やると思ったらとことんやる、実にエネルギッシュな若者が育った。母譲りで、向学心が人一倍強く、しかも才気縦横の若者だ。

時は幕末。土佐には坂本龍馬、武市半平太、中岡慎太郎、後藤象二郎、板垣退助ら、今日ではお馴染みの男たちがひしめいていた。ロシア船やイギリス船が日本近海に現われた。清国が欧米列強に蹂躙される様子も伝わってきた。若者たちは、ある者は攘夷を唱え、ある者は開国を主張したが、時代の変わり目にあるという認識は同じだった。

土佐・中浜村出身の万次郎が帰国したのは嘉永四（一八五一）年だった。一〇年前に太平洋で遭難し、幸運にもアメリカの捕鯨船に助けられアメリカ本土で教育を受けた。土佐藩では画人にして学者の河田小龍に万次郎の話を「漂巽紀略《ひょうそんきりゃく》」としてまとめさせた。参政の吉田東洋は万次郎に直接海外事情を問いただし、甥の後藤象二郎とともに世界地図に照らしながら理解しようとした。エキサイティングな話は当然藩内の下級武士たちにも伝播され、血気にはやる青年たちの火に油を注いだ。

嘉永六（一八五三）年、ペリーが浦賀に来航した。強大な武力を背景に欧米列強がわが国に開国を迫ってきたのだ。ロシアのプチャーチンも来た。幕政は混迷を極めた。老中・阿部正弘、諸大名に意見を求める。翌年、再びペリー来航。アメリカ艦隊は神奈川沖に停泊して幕府に迫り、ついに日米和親条約が締結される。下田と函館が開港された。

彌太郎は伯母が嫁いだ土佐藩随一の儒学者・岡本寧浦について学んでいた。学問は、貧しくとも頭のキレる少年が世に出る道だった。彌太郎の勉強には鬼気迫るような熱がこもっていた。が、彌太郎は満足できないでいた。土佐では世界がわからない。江戸へ出たい、江戸へ出たい……。

とにかく江戸に出たかった。郷士でもない者が国を出ることは難しい。それが、江戸詰めになった奥宮慥斎《ぞうさい》の従者ということで実現する。安政元（一八五四）年。やった、やった、という思いだったろう。奥宮は岡本の同門、その誼みによる格別のはからいだった。

いよいよ明日は旅立ちという夜、彌太郎は村の裏手の妙見山に登った。月明かりに太平洋が見える。彌太郎は山頂の星神社の門扉に墨痕《ぼっこん》鮮やかに書き記した。

「吾れ、志を得ずんば、ふたゝび此の山に登らず」

いごっそうなればこその大変な気負い。これ無くして大事はなし得ない。幕末・維新の志士たちは大酒を食らっては大言壮語した。彌太郎はまさしく土佐の志士だった。

彌太郎、江戸へ

ペリーは七隻の軍艦を率いてやってきた。神奈川沖（今の横浜）に錨を下ろした黒船の迫力に圧倒されて、日米和親条約を締結したのは安政元（一八五四）年。その年の秋、彌太郎は奥宮慥斎に従い、ついに江戸をめざしたのだった。彌太郎が舞い上がったのは想像に難くない。ただでさえ苦しい生活だったが、おそらくは母・美和の強い意向であったのであろう、両親は先祖伝来の山林を売って遊学費用を捻出した。

武市半平太は鏡心明智流の剣を江戸で学び高知に戻っていた。坂本龍馬も江戸の千葉定吉の道場で北辰一刀流を修行し、高知へ戻ったところだった。やる気のある若者は皆、江戸へ出たがっていた。板垣退助や後藤象二郎はまだ高知にあった。明治維新まであと一四年だった。

江戸に着いた彌太郎、まずは江戸見物。奥宮慥斎と来る日も来る日も好奇心丸出しで見て歩いた。筋違御門《すじかい》の前に来たとき、大きな声で言った。

「まっこと、徳川の天下も、もはや末じゃのう」

仰天した慥斎、あわてて彌太郎の袖を引き、

「ばかが。場所柄もはばからず何ちゅうことを言うがか！」

と叱責すると、

「大切な御門を警護するがに、あんな老いぼれじゃったら、メリケンに侮られるがもやむを得んぜよ」

幸い江戸の人間には、土佐訛りはにわかには理解できなかった。

慥斎の尽力で、彌太郎は念願の安積艮斎の塾に入る。見山塾といい、駿河台にあった。艮斎は当時の最高学府である昌平黌の教授で名声は全国に轟いていた。筆頭塾生は彌太郎の親戚でもある岩崎馬之助《うまのすけ》だった。

その馬之助に対するライバル意識も強烈にあったであろう。彌太郎の勉強ぶりは常軌を逸するものがあった。このときの塾生が言っている。

「岩崎は豪邁不羈《ごうまいふき》ともいうべきやつで、ありとあらゆる書を読んでおった。あの集中力は到底

われわれのおよぶところではなかった」

後年のがむしゃらな人生を思わせる頑張りようだったらしい。

江戸に出てきてからの見聞が人生観を変えたのか、もともと血の気が多過ぎたのか、彌太郎は孔孟の道を説く儒者になる気はなくなっていた。むしろ治国経世の学を修めて自らの処世に結びつけようという意識が強くなっていた。一方、この多感な時期に艮斎によって磨かれた漢詩漢文の才は彌太郎の生涯を豊かなものにした。

黒船の来航にあわてた幕府は、泥縄ながら武器や洋式艦船の建造に着手していた。品川には急遽、砲台を構築中だった。そういう中で、彌太郎は安政の大地震に遭遇した。まさに天変地異、社会変革の兆し。彌太郎は持ち前の強い意志と行動力で、恩師の親戚や知人の救助に獅子奮迅の活躍をする。ガリ勉であるだけではないのだ。艮斎も塾生も彌太郎には一目も二目も置いた。

ところが、好事魔多し。江戸も寒くなった一二月の初め、土佐の足軽が藩邸に母からの書状をもたらした。父がかねてより犬猿の仲の庄屋に滅多打ちにされて重傷とのこと。またまた酒の上でのことらしい。しかし何にもまして家族の絆の強いのが岩崎家である。彌太郎は迷わず帰国を決断した。

江戸遊学は一年余りで挫折。艮斎や塾生たちに惜しまれながら江戸をあとにした。安政二

（一八五五）年、一九歳の冬。馬を使った早飛脚ですら一四日かかる。彌太郎は自らの足で井ノ口村をめざした。

投獄、居村追放

彌太郎にとって、わが家の一大事。田に引く水のこと、年貢のこと、庄屋と百姓たちはことごとく揉めていた。それを、彌太郎の父・彌次郎が中に入ってなんとか話をつけた。ところが手打ちの宴席で、言った言わぬで殴り合いになってしまった。泥酔した彌次郎は全身アザだらけ、人事不省《ふせい》になって家に届けられたのだった。

雪の箱根を越え、折からの増水で川止めになって渡れぬ大井川を自ら徒歩で渡りきった。大阪からは船で阿波・土佐国境の甲浦《かんのうら》に渡り、一二月二九日の夜、わずか一六日で土佐の井ノ口村にたどり着いた。

彌太郎は奉行所に訴え出た。しかし、酒癖が悪く、親戚でも鼻つまみ的存在だった彌次郎に味方する者はいない。証人はことごとく庄屋の味方。

「こがなやちもないことがあっても、かまんがか。不正をまかり通すがが奉行所かよ」

「ぬかすな若僧。そもそも地下浪人のよ～すでやたらくたら訴えを起こいてお上《かみ》を騒がすち、まっことけしくりからんぞ」

収まらない彌太郎はその晩、奉行所の壁に墨で、「官は賄賂をもってなり、獄は愛憎によって決す」と大書した。彌太郎は不心得者として捕えられ投獄される。

彌次郎は半身不随、彌太郎は獄。次男の彌之助はまだ四歳。岩崎家は悲惨の極みだった。誰にも相手にされない中で、ただ一人、気を遣ってくれたのが、彌次郎の土地を小作している宅平だった。日ごろの恩を返すのはこういうときだと、美和を助け、彌之助を励まし、農作業や力仕事を手伝った。美和は後年、手記に書いた。

「そのとき、幼い彌之助の心持ちは、自然と宅平を親のように頼り、ずいぶん心細く暮らし候」

彌之助も回想している。

「母は私を背負い、川のほとりの田地に行き耕しておられた。母は急にめまいがしたのかよろよろと倒れかかり、しばらく地面に座っておられた……」

ちなみに、この宅平の子孫が、現在高知市に在住し、彌太郎の生家を管理し岩崎家代々の墓を守っている弘田富茂氏である。今も岩崎家の名代として安芸市や菩提寺である閑慶院《かんけいいん》との関係にも心をくだいているという。

さて、獄中の彌太郎は居ても立ってもいられない。しかし、未決のままお上からは何の音沙汰もなく時間だけが過ぎていく。彌太郎は母に手紙を書いた。

「……私の出牢いたし候をお待ちつかわされたく……決してお元気をお落としつかわされな……」

結局、彌太郎は七カ月獄につながれたあげく家名削除・居村追放となった。

獄中、反骨精神は彌太郎の骨の髄まで染み込んだ。ひまつぶしに同房の商人から算術を学び、商売の機微を教えられた。彌太郎の将来に大きな影響を与える入牢体験になったのだった。

井ノ口村を出た彌太郎は高知城下にほど近い村に移り寺子屋まがいのことをしながら生計を立てた。年末、彌太郎はようやく追放赦免・家名回復となった。この間に元参政の吉田東洋の少林塾に入門を許された。

東洋は卓抜した識見の士。水戸藩の藤田東湖とともに全国にその名を馳せた。当時は容堂の命令により長浜村に蟄居中で、少林塾を開いて若者たちに影響を与えていた。彌太郎はこの少林塾で後藤象二郎と親交を持つようになるとともに、その明晰さゆえに東洋に目をかけられた。

新時代への足踏み

安政五（一八五八）年、井伊直弼が勅許を待たずに日米修好通商条約に調印した年。土佐藩では吉田東洋が要職に復帰、藩政改革に取り組んだ。東洋は階級制度を改革して人材登用の道を開き、開国を想定して海運、貿易、殖産興業の施策を推し進めた。同六年、彌太郎は突然長崎出張を命じられた。海外事情、とくに列強の清国に対する侵略行為の実態を把握するためである。

上司について長崎入りした彌太郎が目を見張ったのが湾に浮かぶ蒸気船、あちこちに建てられつつある異人館、煉瓦《れんが》造りの製鉄所、往来するイギリス人やオランダ人……。漢学に秀でた彌太郎だが、異人言葉はさっぱりわからぬ。どうやって情報を引き出したらいいものやら……。

ええい、男は度胸だ。通訳を介してまずは人脈づくり。長崎の丸山花街、おそるおそる異人を料亭に招いた。乾杯、乾杯、また乾杯。土佐流のドンチャン騒ぎに異人も大喜び。要はこころだよ、こころ。田舎侍はどんどんはまり、大言壮語し公私混同。夜な夜な思案橋で迷って丸山の坂を上り、千鳥足で下りてきてはまた上る。もう、お決まりのコース。世情には詳しくなったが、吉田東洋の期待する列強の動向や海外事情の調査にはほど遠い。

時は安政七（一八六〇）年、江戸では雪の桜田門外で井伊直弼が水戸浪士たちに惨殺された。

時局は切迫している。なのに彌太郎、公金使い込みに等しい散財。もはや軍資金は底をついた。あわてて土佐へ戻り、金策に走り回った。どうにか私用と目される分だけは返済するが、無断帰国だったことを断罪され罷免。傷心の思いで井ノ口村に帰る。

半年足らずの長崎生活で彌太郎は学んだ。世界は広い。知らないことだらけだ。江戸でも得られないものがある。しかし、官職を失った今はどうしようもない。彌太郎は井ノ口村で読書と野良仕事三昧。捲土重来、時いたるを待つしかない。

やがて彌太郎は高知城下の姉夫婦の家に居候、借財をして郷士株を買い戻した。彌太郎、二七歳。縁あって貧乏郷士の娘・喜勢《きせ》と結婚した。

土佐藩は進歩派、保守派、それに下士層の勤皇派が激しく争っていた。開国か攘夷か。改革か現状維持か。その真っ只中で、吉田東洋が武市半平太らの勤王党によって暗殺される。土佐藩は保守派が実権を握り、東洋一派と目される者が藩政中枢から駆逐された。

しばらくは悶々としていた彌太郎だが、ある日、藩主の江戸参勤に同行せよとのお達しがあった。わからないものである。彌太郎は思った。

「あしもまだまだ、ふてたもんぢゃないぜよ」

ところがなんと途中兵庫で、隊列を離れたとの理由で帰国を命じられてしまう。弁明も聞き入れられず、彌太郎の立場はまたまた暗転。東洋門下生たちの復讐を恐れた武市一派の讒言《ざんげん》によるものだった。彌太郎にとってまことに不本意な帰国だったが、同じ東洋門下で同行を続けた井上佐市郎や広田章次は大阪に着いたところで惨殺されてしまうのだから、人生何が幸いするかわからない。

まだまだ、時われに利あらず。彌太郎は高知を引き払い井ノ口村に帰った。小作まかせだった農事に精を出し、安芸川に添った低地に新田を開発する。釣りと読書で、はやる心を静める。

慶応元（一八六五）年、かねて申請中の藩有林払下げ許可が下りた。長男の久彌が生まれた。おまけに、郡の下役に登用されることになった。時は来た。時代は動き出した。東洋の甥・後藤象二郎が藩の要職に返り咲いた。

後藤象二郎と坂本龍馬

まさに幕末、慶応三（一八六七）年。彌太郎は長崎の土佐商会勤務を命じられ、同じ吉田東洋門下の福岡藤次の長崎行きに同行することになった。三月七日に言われて一〇日には高知から藩船『胡蝶』に乗った。七年ぶりの長崎では後藤象二郎が土佐藩のために外国商人から武器弾薬を買い付けるかたわら、坂本龍馬と手を結び、亀山社中を藩の別働隊とする策を練っていた。福岡は坂本と中岡慎太郎の脱藩赦免状を持って行くところだった。

土佐商会が武器や弾薬を買い付けるには、木材や樟脳、鰹節など藩の産品を売ったり、他藩の物産の売買を仲介してやったりして収支をバランスさせる要があったが、何せ、おおまかな後藤がひっかきまわしていたので、火の車もいいところ。彌太郎はその後藤の補佐役として抜擢されたのだった。

「尻拭いはしょ～たまらんぜよ」

などと口では言っていたが、変革の世ならばこそのチャンス到来。ハラの底では、

「思いもよらざった大役ぢゃ。運が向いてきたぜよ」

と喜びをかみしめていた。

後藤象二郎

長崎での放蕩三昧は遠い思い出。若気のいたりだった。花街丸山は相変わらず刺激的だが、今度は大丈夫。夜毎の宴席には明確な目的がある。彌太郎、三二歳、分別盛り。実力発揮の歳になっている。

彌太郎の取引相手は世界各地からの冒険商人。たとえばグラ

バー。イギリスからやってきた、艦船や武器弾薬のブローカーである。のちに高島炭坑の開発にも関わった。明治維新後は倒産して三菱に雇われ、石炭の輸出業務や技術顧問的な役割を果たした。日本人を妻とし、死ぬまで日本に滞在、明治四一（一九〇八）年に外国人としては破格の勲二等旭日章を得ている。

アメリカ人のウォルシュ兄弟の会社も重要取引先の一つだった。彼らの会社は船舶から食料品までカバーする、まるで総合商社だ。維新後は神戸・横浜に拠点を移して活躍した。明治五（一八七二）年に彌太郎の弟・彌之助がアメリカに留学できたのはこの兄弟の尽力によるところが大きい。神戸に持っていた製紙会社は、弟が亡くなり兄は年老いて日本を引き揚げる明治三一（一八九八）年、岩崎家に買い取られて今日の三菱製紙の基となった。

長崎での彌太郎の役割は極めて困難を伴うものだった。金がないのに船舶や武器弾薬を買うのだ。それができなければ土佐藩は混沌の世を乗りきれない。

外国商人から購入したものは、たとえば慶応三（一八六七）年は、

大砲一〇、小銃一五〇〇（蘭・シキュート）

帆船（白《ベルギー》・アデリアン）

砲艦（英・グラバー）
帆船（英・オールト）
帆船（米・ウォルシュ）
小銃五八〇〇（英・グラバー）
小銃二〇〇〇（蘭・ボーレンス）

といった具合。

樟脳が高値で売れはしたが、しょせん船舶や武器の代金とは桁が違う。丸山の宴席で培われる信用が担保。外国商人は有力藩に貸しを作って後日影響力を行使しようとする思惑が丸見えだった。

長州再征、ええじゃないか運動、大政奉還、倒幕密勅、王政復古の大号令……。

日本の危機、日本の歴史の転換期、彌太郎は土佐藩の命運を担って経済官僚として長崎で奮戦した。その二年の間に体得した海運と貿易の現場感覚は、やがて三菱を立ち上げ日本の海運業界に挑戦する、岩崎彌太郎の確固たる信念の根源となった。

坂本龍馬はというと、岩崎彌太郎が井ノ口村に生まれた翌年の天保六年一一月（一八三六年一月)、高知城下の、郷士で御用商人でもある裕福な家に生まれている。文久二(一八六二)年、二六歳で脱藩した龍馬は勝海舟に出会い、日本の「洗濯(改革)」を決意する。西郷隆盛の支持を得て長崎の亀山に社中を結成、薩摩をはじめ諸藩の貨物輸送や交易にあたるかたわら薩長同盟を演出、幕末の混乱の中で薩長を相手に、当時は知る人ぞ知る極めて重要な役割を演じていた。

龍馬と中岡慎太郎は脱藩赦免状を得、経済的に行きづまっていた亀山社中は海援隊に衣替えし、土佐藩の別動隊になった。その海援隊を資金面から面倒を見るのも彌太郎の仕事のうちだった。彌太郎は本来の仕事である、後藤を援け、土佐藩のために武器弾薬を買い付け、かつ金策に知恵を絞った。

経済官僚として奔走する彌太郎と自由な立場で政治改革を志向する龍馬。活動の内容は大いに違ったが、常に広い世界を意識していた点では恐ろしく共通していた。

風雲急を告げていた。雄藩は討幕に向けて準備を進めている。京都では山内容堂、島津久光、松平春嶽《しゅんがく》、伊達宗城《むねなり》の四侯が会談し策を練るがまとまらない。容堂は長崎にいる後藤を京に呼びつけた。後藤は龍馬を伴い急遽京に向かう。

長崎・土佐商会の後事は彌太郎に託された。彌太郎は留守居役に昇格、長崎・土佐商会の主任となる。後藤の信頼の篤さを示していた。

彌太郎は『いろは丸』事件では後藤や龍馬と粘り強く交渉を続けて、多大な賠償金を紀州藩から取り付けるなど、めきめき実力をつけていった。また、イギリス人殺傷事件で土佐藩にあらぬ嫌疑がかかると、イギリス公使を相手に一歩も引かず、時には屈辱をこらえて最終的に土佐藩の名誉を護った。

一方、龍馬は相変わらず京、大阪、下関、長崎と忙しく行き来し、薩長土を主役とする維新の舞台回しをしたが無念にも暗殺されてしまう。新しい日本のあり方を建策し、その実現に邁進しながら、自らその結果を見届けることは叶わなかった。

七つの海に乗り出すことを夢見ていた龍馬。長崎での彌太郎と龍馬の酒は二人それぞれの夢を大いに膨らませた。歴史に「イフ」はないが、もし龍馬が明治の世にも生きていたら、海運を取り仕切り、貿易を手がけ、産業を興して、彌太郎三菱の強力なライバルになっただろう。

九十九商会の発足

長崎・土佐商会の主任として、岩崎彌太郎は金策に奔走し、蒸気船や武器を買いまくり、樟脳など土佐の物産を売った。

が、時代とともに舞台は変わる。神奈川（現在の横浜港）や兵庫（現在の神戸港）が開港したことにより長崎は独占的な対外窓口ではなくなった。外国商人たちは横浜や神戸、大阪に移っていく。しかし、彌太郎は長崎・土佐商会や海援隊の残務整理の毎日。かつての志士たちは、東京や大阪で仕官の道を得ていく。自分は蚊帳の外。焦る彌太郎は自分を長崎・土佐商会主任にした後藤象二郎が頼み。大阪に訪ねて転勤を訴え、長崎に戻ってからも再三書状を送った。

後藤は忘れていなかった。明治二（一八六九）年、彌太郎は大阪・土佐商会に異動、責任者に抜擢された。長崎での経験を活かし、藩船の運航をマネージし、外国商館との取引や大阪商人との売買に実力を発揮し、藩の財政に貢献する。

ところが、明治政府は藩営事業を禁止しようとしていた。足を中央すなわち薩長に抑えられては、これから飛躍しようとしている土佐人の立場は脆弱《ぜいじゃく》なものになる。

「藩の事業が禁止される前に私商社を立ち上げ海運事業を引き継がせてしまおう。そうすれば、少なくとも高知――神戸航路は引き続き確保できる」

林有造ら土佐藩首脳はそう考えた。

同年閏一〇月、土佐藩士たちにより「九十九商会」が設立された（九十九は土佐湾の別名に因む)。海援隊で操船経験のある土居市太郎と、長崎・土佐商会で貿易実務を経験している中川亀之助の二人を代表に据え、それを藩の立場から事業を監督するのが彌太郎だった。藩船三隻も九十九商会に払い下げられた。

主たる事業は汽船廻漕業、すなわち海運だ。高知——神戸間に加え、東京——大阪間の貨客輸送も担う。かたわら外国商館や大阪商人との物産の売買、それに紀州藩から取得した炭坑の経営も行なった。

翌年、彌太郎は土佐藩の少参事に昇格、大阪藩邸の責任者になった。少参事といえば中老格。れっきとした幹部である。時代の変革の中とはいえ、一介の郷士がよくここまで出世したものである。非凡な才覚と強靭な精神力、それに視野の広さゆえであろう。

彌太郎は西長堀の藩邸の一角に住み、蔵屋敷の事業や九十九商会の活動の監督に忙殺された。人材育成にも気を遣い、藩邸に居候して漢学や洋学を学ぶ若者たちに、「これからは欧羅巴《ヨーロッパ》・亜米利加《アメリカ》が相手」と英語の修得を奨励した。

成り上がりの彌太郎が大阪で取り仕切るのを嫌う者が土佐には多かった。私腹を肥やしていると疑う者もいた。あるとき、石川七財《しちざい》が内偵のために派遣されてきた。彌太郎は即座にこれを見抜くと、石川に帳簿など一切を見せ、諭すように言った。

「これからの日本は海運と貿易だ。これを強化せずして日本の将来はない。お前もわしと一緒にやらんか」

石川は彌太郎の世界観に共鳴し、九十九商会に入ることになった。石川は大局を誤らない豪胆な男で、のちに、計数に強い川田小一郎《かわだこいちろう》とともに彌太郎の事業を支える二本柱となった。

ちなみに現在、横浜の日本郵船歴史博物館に大きな鉄製の天水桶がある。火災に備えて九十九商会の店先に明治三（一八七〇）年に設置されたものだ。「九十九商社」の文字と、中心の小さな円から三方にひょろ長い菱形が伸びるスリーダイヤの原型が描かれている。まさに三菱の原点を示すモニュメントである。

藩邸と土佐稲荷

かつて東京にはほとんどの県の出張所や宿舎、学生寮があった。「ふるさとの訛り懐かしい」ところで、集団就職した少年たちはその近くを通るだけで元気づけられた。江戸時代の各藩の藩邸もそんなものだったろう。方言が何のためらいもなく使われていた。

大阪の土佐藩邸は、長堀川《ながほりがわ》を南北からはさんで、東は鰹座橋、西は玉造橋までのところにあった。土佐からの人や物資を積んだ和船が大阪湾から木津川《きづがわ》を上り長堀川にまで入ってきた。武市半平太ら勤王の志士も、坂本龍馬や後藤象二郎もこの鰹座橋のたもとで船を降りた。

長崎から大阪に出てきた彌太郎は明治三（一八七〇）年、西長堀の土佐藩邸の責任者になり、藩の政務のほか蔵屋敷や大阪・土佐商会の活動を取り仕切った。藩邸には土佐藩の若者たちが大勢居候して勉学に励んでいた。彌太郎の弟・彌之助もその中にいた。

この藩邸は、実は鴻池《こうのいけ》や銭屋《ぜにや》など豪商の抵当に入っていた。廃藩置県に先んじて発足した九十九商会は、大阪・土佐商会の事務所を引き継ぎ、土佐藩の借金を肩代わり返済した上で、藩邸の大半の払下げを受けた。

一方、藩邸内に鎮座する土佐稲荷は古くから土佐藩邸の屋敷神（守護神）として崇められてきた。山内家の当主は参勤の都度立ち寄って敬意を表してきた。彌太郎も守り神として敬った。たとえば、明治五（一八七二）年の彌太郎の日記には次のようにある。

「雨、夕顔（船名）東京に赴かんとす。余また新宮に赴かんとす。午後雨甚だし。夕顔出航を翌日に延べ、稲荷社において祈祷を行う。余もまた祈祷す」

のちに九十九商会が三菱を名乗り、その後本社を東京に移した際に、彌太郎は西長堀の大半の地所・建物を大阪府に譲渡した。しかし、土佐稲荷だけは引き続き三菱で守ることにした。

西長堀付近は、戦災に遭うまでは創業のころの面影を残していた。昭和一九（一九四四）年の「養和会誌」（三菱の社内誌）には、三菱マークのついた大阪支店の倉庫や赤煉瓦の事務所を描写した紀行文が載っている。

土佐稲荷の東隣りが彌太郎の屋敷だった。昭和四〇年代に西代耕三氏が土佐稲荷の宮司になったときは、屋敷跡は大阪市立大学の家政学部のキャンパスだった。大きな楠と「岩崎旧邸阯」と刻まれた石碑が校門のかたわらにあった。のちに大学は郊外に移転し高層住宅が建設されることになった。邪魔な楠と石碑は撤去するという。三菱各社の集いである菱友会が中心になって保存運動を展開し、各社の支店長クラスが大阪市に陳情した。

「……お蔭様で楠と石碑は残り、ここが三菱発祥の地であることを伝えています」

現在石碑は土佐稲荷の敷地内に移されているが、西代耕三宮司は当時を思い出しながら語る。かたわらの長堀川は今では自動車道路になってしまい往年の面影はない。

平成五（一九九三）年、浄財により念願の新社殿が完成し、地元の人たちが大勢参列して記念式典が行なわれた。平成二一（二〇〇九）年には参集殿と社務所も三菱各社の熱意で新しくなった。

大阪の人たちに大切にされている土佐稲荷には今日も参詣客が絶えない。境内には近所の子どもたちの元気な声が響いている。春は桜の名所でもある。

「三菱」を名乗る

明治四（一八七一）年、廃藩置県。岩崎彌太郎は土佐藩少参事の地位を失った。このとき彌太郎は林有造や旧土佐藩の幹部に説得され、九十九商会の経営を引き受けた。実業家・岩崎彌太郎の誕生である。仕官の道はあきらめ、新しい時代の生き方を決意する。

三菱の創業の年は九十九商会発足の明治三（一八七〇）年である。しかし、彌太郎はそのときは藩の責任者として監督する立場だった。今度は実業家として自ら経営の舵取りをするのである。

九十九商会は、藩船三隻の払下げを受け貨客の運航にあたる一方、鴻池や銭屋など豪商たちに抑えられていた西長堀の蔵屋敷を買い戻すなど、彌太郎の強力なリーダーシップのもとに民間企業らしい活力ある活動を展開していった。

当時、外国船は日本の国内航路にまで進出していた。政府は「廻漕会社」を設立し幕府の所有していた蒸気船を与えたが太刀打ちできなかった。

廃藩置県後、政府は三井、鴻池、小野組などに設立させた「日本国郵便蒸汽船会社」に諸藩から召し上げた蒸気船を与え、さらに運航助成金も支給して民族資本の育成を図ったがはかばかしくなかった。

一方、九十九商会は高知――神戸航路のほか、東京――大阪間の輸送に照準を合わせ、積荷問屋のニーズにとことん応える顧客第一主義でシェアを拡大していった。上潮だった。

九十九商会は明治五（一八七二）年に「三川《みつかわ》商会」と社名変更した。岩崎とは名乗らず、あえて経営幹部である川田小一郎、石川七財、中川亀之助の川の字に因んで命名した。

同じ年、新橋――横浜間に初めて汽車が走った。帝都・東京の人々は興奮したが、わが国の物流の根幹はまだまだ海運だった。

彌太郎は激しい気性の男だった。三川商会の幹部たちにも強い決断力を期待したが、彼らは常に彌太郎の顔色を窺っていた。それが歯がゆい、苛立たしい。これはベンチャーなのだ。リスクを冒さずして未来はない。彌太郎の頭にある事業のイメージは、何ものをも恐れぬ攻撃的なものだ。

彌太郎は収まりがつかない。ついに石川七財や川田小一郎ら経営幹部との話し合いののち、

「ええい、まだるっこしい。これからはすべてわしが決断する」

と宣言した。明治六（一八七三）年三月、新たな出発である。彌太郎独裁体制、社名も船旗の三つの菱形にちなんで「三菱商会」と改称した。新興の三菱商会に失うものはない。ただ突き進むのみだった。

アメリカに留学していた弟の彌之助も戻った。さあ、体制は整った。翌年春には本店を東京の日本橋の南茅場町に移した。社名も「三菱蒸汽船会社」とし、初めて「社長」を名乗った（それまでは「旦那」という呼称だった）。

彌太郎は事業の成功不成功はお客に対するサービス次第と確信していた。社員の大半は下級武士出身のためなかなか頭が下げられない。彌太郎は店の正面に大きな「おかめの面」を掲げ、客の応対をする者には、和服に角帯《かくおび》、前垂《まえだ》れという姿でおかめのような笑顔を強いた。武士としてのプライドを捨てきれないでいた石川七財には、ある日、小判の絵が描かれた扇子を与えて言った。

「お前は客に頭を下げると思うから辛いんだ。この小判に頭を下げると思え」

彌太郎の性格そのままに、三菱には昇る太陽ほどの勢いがあった。外国船を蹴散らし、ライバル日本国郵便蒸汽船会社に激しい追い討ちをかけた。

スリーダイヤの起源

ここで少し寄り道をして、スリーダイヤのマークの起源について考察する。

土佐藩開成館時代の藩船は山内家の三ツ柏の紋を船旗あるいは舳先《へさき》につけていた。九十九商会になってからはというと、彌太郎の「滞坂《たいはん》日記」明治三（一八七〇）年閏一〇月一八日に、「此の度より……名目を改め九十九商会と致し、紅葉賀《もみじのが》船夕顔船とも九十九商会へ申し受け東京飛脚船相はじめ候よう……免許を得たり。右船旗号は三角菱を付け候よう板垣氏へ相談置く」とある。「三角菱」がどんなものかの説明はここにはないが、真ん中の円から三方に菱形がひょろ長く伸びたデザインが初期九十九商会の商標として残っている。

さて、問題はこのマークの起源である。いつのころからか、スリーダイヤの起源は「滞坂日記」にいう三角菱とされ、それは岩崎家の家紋「三階菱」（正確には「重ね三階菱」）と山内家の家紋「三ツ柏」を組み合わせたもの、と説明されるようになった。

が、果たしてそうなのだろうか。明治三（一八七〇）年の九十九商会発足の時点では、彌太郎は藩の代表として経営を監督する立場であって、まだオーナー的立場にはなかった。それに、いくら社会の変革期だったとはいえ、主君に仕える身で自分の家紋と畏れ多くも主君の家紋を足して二で割るというような発想をするだろうか。

もともと三ツ柏は、丸に入っていないと遠くからは三つのひょろ長い菱形に見える。初期九十九商会のマークも菱形はひょろ長くしかも三ツ柏と同様中心に円がある。であれば、三角菱は山内家の家紋の三ツ柏をデザイン化したもの、と考える方が自然なのではなかろうか。

彌太郎が九十九商会の経営に直接采配を振るようになるのは、発足からかれこれ一年たった明治四（一八七一）年の廃藩置県以降である。彌太郎は藩士の立場を失い、林有造らに説得されて九十九商会の経営者になった。一〇月一五日の日記にはこう書いてある。

「余、商会に行き、商会の旗号ならびに船中の旗章とも、井の字に取り替えを命ず。この日、商会の諸子のこらず申し合わせし、余に酒肴《しゆこう》を贈りて言う、今時の祝意なりと」

ぬぬぬっ。満を持して経営に乗り出した彌太郎が今まで使ってきた三角菱を「井の字」にしろというのだ。これはひとえに三角菱が岩崎家の家紋とは関係ないことを意味するのではないか（結局、取り替えは実行されなかったので今となっては「井の字」が何を意味しどんなデザインを意図したのかは不明である）。

ところで、スリーダイヤの先端の角度は当初三〇度程度だった。それが四五度になり、やがて今日の六〇度になった。この角度増大の過程においては、岩崎家の「重ね三階菱」の菱形が意識され、「柏を菱で置きかえるのだ」という気迫が込められた可能性は十分ある。

昭和二八（一九五三）年の、三菱本社記録編纂委員会による「三菱商標に関する報告書」では、スリーダイヤの由来についていくつかの説を吟味した上で、「……山内家と岩崎家の紋所が関わっているということができよう」と結論をぼかしている。検証しきれない以上、そのくらいの表現が穏当であろう。

なお、明治六（一八七三）年の四月に、彌太郎はアメリカに留学中の彌之助あての手紙に、「……過日、九十九の名号を廃し……、此の度三菱商会と相改め候。三菱は◆なり」と三菱らしき形を書いている。毛筆なので菱の先端の角度や中心部の細かいことはわからないが、少なくとも「三菱」の社名はスリーダイヤのマークに由来するというわけである。

台湾出兵と三菱

さて、西郷隆盛が下野したのは明治六（一八七三）年一一月だった。急激な近代化に対応しきれない士族たちを背景にした征韓論が退けられたのだ。翌七年二月には江藤新平の佐賀の乱が起こる。不平士族のエネルギーは溜まりに溜まっていた。

そんな時代の中で、新進気鋭の海運会社三菱商会は東京に本社を移し、その名も「三菱蒸汽船会社」と改めた。日本の沿岸航路は日本国郵便蒸汽船会社や、アメリカやイギリスの海運会社がしのぎを削っていた。その激しい競争の世界へ三菱は参入したのである。

これより先、明治四（一八七一）年に台湾に漂着した琉球島民五四人が殺害される事件があり、その処理をめぐって日本は清国と揉めていた。政府は琉球の日本への帰属を清国に確認させる意味もあって強気で交渉にあたっていた。

明治七（一八七四）年五月、政府はついに台湾出兵に踏みきることになった。輸送船の備えがないのでイギリスやアメリカの船会社による兵員の輸送を想定していた。ところが、いざその場になると彼らは局外中立を理由に協力を拒否した。

やむなく政府は日本国郵便蒸汽船会社に運航を委託することにし、大型船を急遽購入した。ところが、日本国郵便蒸汽船会社は政府の保護を享受している海運会社にもかかわらず煮えきらない。軍事輸送に関わり合っている間に、三菱に沿岸航路の顧客を奪われることを恐れたのだ。兵三〇〇〇余を率いた陸軍中将・西郷従道《つぐみち》は準備完了した。もう待てない。長崎に設置された台湾蕃地事務局の大隈重信長官は、やむなく新興の三菱を起用することを決意、岩崎彌太郎を呼んで言った。

「かくなる上は三菱の全面的協力をお願いしたい」

沿岸航路に怒濤の勢いで事業展開を図ってきた三菱だった。大隈の要請を受けることは経営戦略を根底から覆すことになる。日本国郵便蒸汽船会社ならずとも迷う。

彌太郎は沈黙した。それから、団十郎よろしく目をむき出し、ドスのきいた声ではっきりと答えた。

「承知しました。国あっての三菱、引き受けさせていただきましょう」

社長独裁の三菱。彌太郎が決断した。国あっての三菱。「所期奉公」（期するところは公のため）。その後も重要な局面になると必ず出てくる三菱の精神の、最初のストレートな発露だった。

三菱の決断を諒とした政府は、計一〇隻の外国船を購入しその運航を三菱に委託した。三菱は兵員・武器・食糧などの輸送に全力を投入した。

台湾出兵はマラリアによる五〇〇名余の死者を出しながらも政府の思惑通りに展開した。北京に派遣された大久保利通は強気で交渉にあたり、一〇月、イギリス公使の調停によって、出兵は義挙であり清は五〇万元の賠償金を払うということなどをうたった条約が締結された。

その後、三菱にはさらに三隻の大型船が委託された。一三隻の大型船を運航することになった三菱は大きく力をつけて沿岸航路の競争に復帰した。経営判断を誤った日本国郵便蒸汽船会社はもはや三菱の競争相手たり得ず、翌八年六月には解散に追い込まれた。

純粋に民間企業である三菱が、東京進出一年にして海運界のトップにのし上がった。そのきっかけは「国のため」ということに判断基準を置いた彌太郎の決断だった。国とともにある三菱。近代国家日本と軌を一にして発展していく。

上海航路の攻防

台湾出兵にあたって一三隻の政府船を委託された三菱は、翌明治八（一八七五）年、横浜——上海間に航路を開いた。『東京日日新聞』（現毎日新聞）に掲載された広告に曰く、

「……乗組人は練熟せる西洋人にして航海の安心、荷物の取扱の厳重なるは申すに及ばず賄方《まかないかた》等も至って清潔丁寧なり……」

第一便である二月三日の『東京丸』には彌之助が乗船し、彌太郎は埠頭でこれを見送った。まさに感無量だった。

井ノ口村では裏山の妙見山によく登った。頂から遥かに黒潮の海を見るのが好きだった。水平線の向こうにアメリカがある。ジョン万次郎の話に、その当時まだ江戸も知らなかった彌太

郎の胸は騒いだ。

上海航路は彌太郎の夢の実現の第一歩である。いずれアメリカに、ヨーロッパに、世界の海に進出するのだ。

三菱蒸汽船会社の上海支社はフランス租界に開設された。彌太郎の名代・彌之助は、アメリカ仕込みの英語で、外灘《ワイタン》に軒を連ねる各国の商館に挨拶をしてまわった。

五月、政府は海運政策をまとめた。閣議では、喧々諤々《けんけんがくがく》の議論の末、大久保利通や大隈重信の意見が通った。政府保護下で民族資本の海運会社育成を図るというもので、もちろん台湾出兵に協力した三菱を想定していた。

さて、上海航路で三菱の前に立ちはだかったのは、アメリカのパシフィック・メイル（ＰＭ）社だった。当然のように、際限ない価格競争に陥った。運賃はたちまち半値以下。彌太郎は社員に檄を飛ばす。

「……内外航路の権は全く西人の一手に帰したり。この時に当たりて海運の我国に必要なるは判然として明らかなり。……今日務むるところは……我国の前に横たわりたる妨害を払い航海の大権を我国に快復するにあり」

九月、政府は「第一命令書」（今でいう特別法）を交付した。有事の際の徴用を条件に三菱にさまざまな助成が与えられることになった。ただし三菱は海運に特化することが義務づけられた（このため炭坑や鉱山などの事業は「岩崎家の事業」と位置づけられた）。

具体的助成策の目玉として、解散した日本国郵便蒸汽船会社の船舶一八隻が無償供与された。船舶数は一気に倍増する。三菱は政府御用達の意味を込め、社名に「郵便」を入れて「郵便汽船三菱会社」とした。

上海航路の決戦は続く。政府には、民族資本による上海航路確保は日本の生命線だという意識があった。駅逓頭《えきていのかみ》・前島密《ひそか》がわが国海運の自立のためにＰＭ社の営業権を買い取るべしと主張する。内務卿・大久保利通もそのための財政支援を約束する。三菱はＰＭ社と交渉に入る。交渉、交渉、また交渉。ついに営業権を買い取ることに成功した。

しかし、一難去ってまた一難。ＰＭ社の撤退を見て現われたのはイギリスのピー・アンド・オー（Ｐ＆Ｏ）社。香港――上海――横浜航路に加え大阪――東京間にも進出、新興三菱に反発する顧客を急速に取り込んでいく。三菱は荷為替金融など顧客サービスを強化させる一方で、社長以下給料半減など徹底した経費削減に努めた。政府も外国船運航に各種の障壁を設け援護射撃。かくして官民合同の鉄壁の守りにＰ＆Ｏ社も嫌気がさし、やがて撤退ということになる。民族資本による近海航路は確保された。快哉をあげる社員に彌太郎は言い放った。

「ふん。これはほんのはじまりにすぎん」

その後、天津、朝鮮、香港、ウラジオストックなどの航路を開設。彌太郎の夢は、着々と実現していく。

福沢諭吉と彌太郎

大阪にある中津藩の蔵屋敷で福沢諭吉が生まれたのは天保五年一二月（一八三五年一月）。土佐の田舎で彌太郎が生まれた翌日だった。福沢は蘭学を緒方洪庵に学び、ついで英語を勉強した。幕府の欧米使節に随行すること三度、著述活動を通じて西洋の制度・理念の紹介に努めた。

慶応三（一八六七）年の一〇月、長崎・土佐商会の主任だった彌太郎は長崎から船で京都に向かった。二一日の日記に記している。

「晴、早朝下関を発つ。……壇ノ浦では歴史に思いを馳せる。船室に入って、西洋事情二冊を読了する。……夜、広島の御手洗港に着く。……風雨激しくなる」

福沢の著書『西洋事情』は当時のベストセラー。彌太郎、三三歳。福沢への一方的出会いだった。

福沢は慶応四（一八六八）年、慶應義塾を開設し教鞭をとる。その翌々年、彌太郎は大阪で海運業を立ち上げた。明治六（一八七三）年には三菱を名乗り、翌七年、東京に進出した。

当時の最大手は日本国郵便蒸汽船会社。態度大きくいかにも乗せてやるという風情。これに対し、新興の三菱は、店の正面におかめの面を掲げ、ひたすら笑顔で応対する。武士の意識が抜けず笑顔のできない者には、彌太郎は小判の絵を描いた扇子を渡し「お客を小判と思え」と指導した。これを聞き、自ら両社の現場を視察した福沢は、

「岩崎は商売の本質を知っている……」

と塾生に語ったといわれる。

初期三菱には当然のことながら土佐出身者が多かった。石川七財、川田小一郎らに代表される幕末・維新の激動の中を生き抜いた仲間だ。ところがある時期から、土佐とは直接関係のない学識者が増えていく。彼らは三菱の経営の近代化に大きな役割を果たした。

福沢諭吉

その背景には岩崎彌太郎と福沢諭吉の一目を置き合う関係があった。慶應義塾や東大から多くの人材が採用されたのである。

彌太郎は豪語した。

「番頭や手代を学識者にすることはできないが、学識者を番頭や手代にすることはできる」

明治八（一八七五）年、彌太郎の頼みに応え福沢が推薦して、荘田《しょうだ》平五郎が入社した。翻訳係、すなわち西洋知識の導入担当である。まず、三菱の会社規則が作られた。ところが冒頭、彌太郎の強い意思で、

「当商会は……まったく一家の事業にして……会社に関する一切の事……すべて社長の特裁を仰ぐべし」

と、社長独裁を明快にうたうことになった。ここが三菱の三菱たるところ。三井や住友と決定的に違うところである。

彌太郎自身は西洋の学問を学んでいない。にもかかわらず早々に複式簿記を採用し、原価償却の概念も採り入れている。福沢門下生の言うことを理解できた柔軟な頭脳は、おそらく長崎以来の外国商人との長い付き合いの中で培われたものであろう。

初期三菱には荘田のほか、日本郵船の社長になった吉川泰二郎《よしかわたいじろう》、のちに日銀に転じて総裁にまでなった山本達雄、明治生命を創設した阿部泰蔵ら、錚々たる福沢門下生が揃っていた。福沢は「実業論」の中で経営者・岩崎彌太郎を、こう評価している。

「岩崎社長は……広く学者社会に壮年輩を求めてこれを採用し、殊に慶應義塾の学生より之に応じたる者最も多かりしが……社員おのおのその技量を逞しくし、良く規律を守りて勉励怠ら

ず、社務整然として……他諸会社に対して特色を呈した……」

彌太郎の長男・久彌も幼少時、明治八（一八七五）年から三年間、慶應義塾に通った。

商船学校、商業学校

台湾出兵の教訓として、有事の際の徴用を前提に、民族資本の海運会社を育成することが急務とされ、明治八（一八七五）年、三菱に対し第一命令書が発せられるとさまざまな助成と引き換えに遂行すべき義務が課された。船員の養成もその一つである。たとえばその年、一五隻の船に一〇六人の外国人船員が採用されている。当時、蒸気船はほとんどが外国人によって運航されていたのである。

東京商船大学（現東京海洋大学）の資料に、

「……明治新政府はわが国海運の確立を急務として提唱し、船舶運航技術に熟練した船員を保護育成することを計画し、当時の三菱会社に商船学校の設立を命じ……明治八年一一月に隅田川河口の永代橋畔の霊岸島《れいがんじま》に三菱商船学校が設立されました」

とあり、スリーダイヤに錨の組み合わせだった校章もイラスト入りで説明されている。

三菱商船学校の一期生は四四名。校長の中村六三郎は幕府の海軍伝習所を出て、大学南校（今の東京大学）で教えていた。教師陣には当然外国人もふくまれていた。霊岸島（現在の中央区新川）に繋がれた校舎兼練習船は三菱の『成妙丸《せいみょうまる》』を帆船に改造したもの。遠洋航海実習はほかの三菱の社船でヨーロッパまで赴いた。

その後のわが国海運の発展を考えると、この近代的商船学校設立の意義は大きい。若き日に海のかなたに憧れた彌太郎こそ入りたかった学校であろう。

一方、海ではなく陸の上。三菱商業学校。これにも、彌太郎の相当な思い入れがあった。慶應義塾の森下岩楠《いわくす》を自宅に訪ねて言った。

「日本にはまだ実業に役立つ教育をする学校がない。欲しい人材は自分たちで養成するしかない。それをあなたにお願いしたい」

そして明治一一（一八七八）年、神田錦町に三菱商業学校が設立された。校長の森下をはじめ理想に燃える教官のほとんどが福沢諭吉の門下生だった。予備科三年、本科二年。英語、漢学、日本作文、算術、簿記などのほか、英語による経済学、歴史、地理、数学の授業。さらに一年間のインターンシップもあった。

学生数はピーク時で百数十名。いわば明治時代のビジネススクールである。彌太郎は慶應義塾に学んでいた長男の久彌を一期生として入学させた。

「……三菱（商業学校）は……義塾の分校のようなものである。その分校には政府から（海運助成策などによる三菱への間接的）補助があるのに、本校たる慶應義塾には何もない……」と、慶應義塾の資金繰りに苦しむ福沢が政府に貸与を申し出た際に三菱商業学校を引き合いに出している。そのくらい彌太郎は資金を注ぎ込んだ。

商業学校は優秀な学生を集め、三菱の幹部候補生を育てた。ところが、教員である馬場辰猪《たつい》や大石正巳らが自由党の結成に参加、商業学校の校舎を使って夜間教室・明治義塾を開設した。土佐の熱血漢たちの自由民権思想普及の場として大いに人気を集めたが、当然薩長閥の政府から睨まれるところとなってしまった。

彌太郎は嫌気がさし、三菱商業学校に対する情熱を失った。世の中はいわゆる松方デフレであり、共同運輸との壮絶なビジネス戦争で三菱の資金繰りが逼迫するようにもなった。かくして三菱商業学校は、明治一七（一八八四）年廃校ということになる。彌太郎の挫折。創立以来わずか六年だった。

西南戦争

征韓論をめぐる政争の結果、西郷隆盛は明治六（一八七三）年、参議を辞し鹿児島に戻った。西郷たちが組織した私学校は若い不平士族の拠り所になった。鹿児島県は地租改正も秩禄処分（明治政府の士族への家禄支給の廃止政策）も行なわないなど中央政府に反抗、あたかも独立国のようだった。一方、高知では板垣退助らが自由民権運動を展開、反政府活動を活発化させていた。

明治七（一八七四）年以降、佐賀の乱、神風連《しんぷうれん》の乱、秋月の乱、萩の乱と、不平士族の反乱が各地で勃発したが、とどめは西南戦争である。

明治一〇（一八七七）年二月、西郷軍の第一陣が六〇年ぶりの大雪の中を熊本に向かって発った。西郷が率いる私学校の生徒は一万五〇〇〇人。九州各地の不平士族も合流し、総勢四万余。政府はただちに有栖川宮熾仁《たるひと》親王を征討総督に任命し、陸軍は山縣有朋中将、海軍は川村純義中将に指揮をとらせることとした。明治政府の存亡をかけて制圧するのだ。

政府の助成を受けている三菱に対してはただちに社船の徴用が命じられた。兵員、弾薬、食糧の円滑な輸送が勝敗を決するのだ。

「わが三菱の真価が問われるときが来た！　怯むな！」

彌太郎は幹部社員を集めて檄を飛ばした。

「わしは東京で政府との折衝にあたる。石川、お前は神戸で兵站《へいたん》と配船を指揮せよ。川田、お前は長崎で、だ。彌之助は配船の現場に立て！」

三菱は定期航路の運航を休止し、社船三八隻を軍事輸送に注ぎ込んだ。全社をあげての取り組みは、総勢七万にのぼる政府軍の円滑な作戦展開を支えた。

西郷軍は熊本鎮台を攻めあぐみ田原坂で敗走、半年余り九州各地を転戦した末、ついに鹿児島の城山にたどり着いた。九月二四日の早暁、政府軍の総攻撃に、「晋どん、もうここいらでよか……」と、西郷は別府晋介に介錯させて果てる。

やがて郵便汽船三菱会社の鹿児島支店から、神戸支店で配船の指揮をとる石川七財にあてて電信が発せられた。

「細島大佐ヨリ左ノ通リ申シ来タル。取リアエズゴ報告ニ及ブ。今暁ヨリ攻撃、午前九時三〇分平定。西郷、桐野、村田ノ三人ノ死骸ヲ見タリト報知アリ」

戦死者は双方合わせて一万人以上、まさに日本最後の内戦だった。

意気盛んだった西郷の軍を、徴兵制軍隊が制圧した。もはや軍事力は士族の独占ではない。近代的な装備と編成、それに三菱船団の機動力がそれを実現したのだった。

この戦中、明治天皇は京都に赴き戦況の報告を受けた。政府軍の勝利が決定的になった七月末には、神戸から三菱の社船『広島丸』に乗って東京に戻った。

「あづまにといそぐ船路の波の上にうれしく見ゆるふじの芝山」

これは、そのときの明治天皇の御製である。

のちに三菱には金一封が下賜され、社長の彌太郎には銀杯ほか、航海のお供をした彌之助と石川には白縮緬《ちりめん》一匹（匹＝布地の単位。二反）ほかを賜った。

だが、この戦いでの彌太郎の立場は微妙だった。立志社を興した板垣は間もなく東京に戻ったが、高知の民権運動は活発化していた。即刻民選議院の設立が認められぬなら、西郷に呼応して武器をとるべしとの強硬意見も強かった。三菱の船を高知にまわせと迫る者もいた。幸か不幸か、鹿児島士族との連携がうまくいかず高知の民権派の蜂起は不発に終わったのだが、同郷の彌太郎としては辛いところだった。

西南戦争における軍事輸送は国家の絶大な信頼を得るとともに、三菱が一大産業資本として発展する財政的基盤を築いた。「国家とともにある」との信念を確固たるものにした三菱は、先に無償供与された船舶三〇隻の代金として一二〇万円を上納した。のち、さらに買い増して所有船六一隻となり、わが国の汽船総トン数の七三パーセントを占めるにいたった。

東京に屋敷を買う

明治一〇（一八七七）年の西南戦争で政府軍の輸送を担当した三菱だったが、この戦争で「莫大な利益をあげた」と叩かれた。今日明らかになっている史料では、戦費総額四一五六万円、三菱の御用船運航収入総額は二九九万円。当期利益は九三万円だった。これが「莫大」かどうかはともかく、当時の東京市の年度予算を超す数字ではあった。

彌太郎はこの利益を鉱山事業などに投資し一大産業資本を形成していくわけだが、かたわら、東京に大きな屋敷を三つ購入している。

まず、上野の不忍池に程近い下谷茅町。もともとは高田藩榊原家の江戸屋敷、買ったのは明治一一（一八七八）年だった。本郷台地の先端八五〇〇余坪。東北から江戸に入る街道を睨む要衝の地ということで、かつて徳川家康が腹心の榊原康政に与えたものである。明治維新のどさくさの中で人斬り半次郎こと桐野利秋が取得したのち、舞鶴の旧藩主・牧野弼成《すけしげ》のものとなっていた。

彌太郎は周辺の土地も買い上げ、敷地を倍近くにした上で母屋を建て直し、明治一五（一八八二）年に駿河台から移り住んだ。森鷗外や夏目漱石の小説にも出てくるほど、人々には「気になる存在」だった。彌太郎は共同運輸とのビジネス戦争の真っ只中で癌に倒れたが、この屋敷で最後まで指揮をとり、家族と三菱の幹部が見守る中で、波瀾に満ちた五〇年の生涯を終えている。

「茅町本邸」と呼ばれたこの屋敷は明治二九(一八九六)年に、長男の久彌によって、ジョサイア・コンドル設計の洋館と、名大工・大河喜十郎の手になる和館とに建て替えられた。久彌たちは五〇年住んだが、第二次大戦後GHQ(連合国軍総司令部)に接収されキャノン機関(米情報部隊)が入った。のち国有財産となり、永らく司法研修所として使われた。現在は重要文化財であり修復されて、東京都の「旧岩崎邸庭園」として公開されている。

二つ目は、下町の深川清澄《きよすみ》。久世《くぜ》大和守ほかの下屋敷跡をいくつか買い入れ、まとめて和風庭園にした。岩崎家深川別邸、約三万坪。今日では「清澄庭園」という。彌太郎は巨石、名石、庭木を全国から集めた。明治一三(一八八〇)年に一応完成したので「深川親睦園」と名づけ三菱の社員の親睦の場とした。そして、「公会式目」と題する次のような利用規程が定められた。

岩崎家本邸

一、毎年春秋の両季を以て酒を親睦園に置き、社員を会するものは平生の労を慰し、同社の親睦を結ばしめんと欲するなり。互いに礼譲を守り、務めて和楽を主とし、人に敬を失する勿《なか》れ。自ら咎を招く勿れ。
一、酒を置くは歓を尽すに止り専ら倹素を要す、二汁五菜に過ぐべからず。
一、歌妓（芸者）を招くは酒を行らしむるに止る。猥褻の具とする勿れ。放歌狂吟、人の歓を破る勿れ。
一、飲酒は量りなし。各其量を尽すを以て度となし、人に酒を強する乱に及ぶ勿れ。
一、集散は時を以てし、時に後れて会し、時に後れて散ずる勿れ。
右之条、我社公会式目として社員に示すもの也。

現在の飲酒マナーにも通じるものだが、当時、まだまだ豪快な土佐流の宴会が盛んだったのだろう。

彌太郎の没後になるが、池のほとりにはジョサイア・コンドル設計の洋館が建てられた。社員クラブ兼ゲストハウスとして使われ、内外の賓客を招いての園遊会も催された。築庭は彌太郎一代では成らず久彌の代までかかった。

三つ目の、駒込の六義園《りくぎえん》一帯も広大だった。岩崎家駒込別邸。もともとは五代将軍綱吉の側近・柳沢吉保《よしやす》が造った三万余坪の回遊式築山泉水庭園で、維新後は荒れるにまかされていた。彌太郎は、樹木数万本を房総から移植したほか、池の周りに全国各地の巨石を配し、四阿《あずまや》も建てるなど、修復に力を入れた。彌太郎の没後も、彌太郎の抱いたイメージを追って工事は延々と続けられた。

清澄庭園や六義園は今日、いずれも大都会の中の貴重な緑のエリアとして人々のいこいの場になっているが、大正と昭和のある時期に、久彌から東京市に寄付された。久彌は、物にこだわらず、みんなで使うのは当然のことと、淡々としたものだった。

ベンチャーの旗手

ベンチャービジネス支援が国の施策にうたわれて久しい。社会が発展するとき必ず新しいビジネスが勃興する。幕末・維新期の起業家といえば、誰が何といっても岩崎彌太郎である。

彌太郎は土佐藩の経済官僚として、長崎では樟脳や鰹節など土佐の物産を売り軍艦や武器を買った。大阪に移ってからも貿易と海運で活躍し、藩の経済に大いに貢献した。

廃藩置県に先立ち明治新政府は藩営事業禁止の方針を打ち出した。薩長に高知――大阪間の海運を抑えられたのではたまらない。後藤象二郎、板垣退助、林有造ら土佐藩の知恵袋は考えた。「先手を打って自分たちの息のかかった私商社を立ち上げよう。そこへ藩の海運事業を譲渡し、足を確保するのだ」

経営をまかせうるのは岩崎彌太郎以外にない。彌太郎は廃藩置県で高知県大参事になった林に執拗に説得された。そしてついに仕官の道をあきらめ、海運会社・九十九商会の経営を引き受ける。

彌太郎が辣腕を振るい九十九商会は急成長する。海運事業だけでは終わらず、明治四（一八七一）年には、船舶代金見合いで紀州の炭坑を取得している。明治六（一八七三）年には九十九商会は三菱と改称、かたわら、岡山県の吉岡銅山を入手した。今日の三菱マテリアルの原点である。吉岡銅山は労務問題など困難を克服し、やがて会社は良質な鉱脈を掘りあてる。

さらに、持てる経営資源をさまざまな事業に注ぎ込んだ。海運に付随して金融や倉庫業も生まれた。それらは流通の拡大とともに発展し今日の三菱東京ＵＦＪ銀行や三菱倉庫の源流になる。

また、明治一四（一八八一）年には、後藤象二郎から高島炭坑を買い取った。武家の商法で借金漬けになっていた後藤を助けるべく福沢諭吉に説得されたものだ。高島は最新技術の導入によってさまざまな困難を克服し、後年三菱のドル箱になった。

基幹産業として早くから着目していた長崎造船所も手に入れた。共同運輸との戦いの真っ最中に政府からの借り受けに成功したのだ。彌太郎の没後、明治二〇（一八八七）年に買い取り、画期的な設備投資によって造船三菱の本丸となった。

だが、成功があれば当然失敗もある。

たとえば長崎時代からねらっていた樟脳事業。火薬の原料になる。明治五（一八七二）年に土佐藩から単独払下げを受けひと儲けを企んだ。しかし、独占反対の声が湧き上がり、三年で撤退した。同じころ、製糸事業にも着手、一時は二〇〇人の女工を雇う盛況を見せたが、市況意のままにならず採算悪化でギブアップ。

東京の水道事業も忘れられない。元禄時代に玉川上水を水源として小石川から浅草にいたる一帯に給水する千川水道があったが、その後は廃れていた。彌太郎はその復興をめざし、明治一三（一八八〇）年に認可を得るや突貫工事を進め、翌年営業開始にこぎつけた。日本最初の、ビジネスとしての水道事業だったが、後年、東京市の公営事業の中に吸収された。

彌太郎の起業家精神は澎湃《ほうはい》として沸き起こり涸《か》れることを知らなかった。このほか、貿易、海上保険、生命保険、鉄道投資などなど……。近代国家の経済活動のあらゆる分野に首を突っ込んだ。しかも、それは闇雲《やみくも》ではなく、緻密に計算された、今日でいう「選択と集中のポートフォリオ戦略」だった。だからこそ、今日の三菱があるといえる。

岩崎彌太郎は間違いなく近代日本を代表する起業家だった。

偉大なる母

「そのごハ御機嫌よく御暮し遊ばし候ハん……するがだい（の彌之助一家）もゆしま（のわが家）も皆々あいかわりなく一同ぶじニ御座候間、御あんしん遣わされ度くそんし候なにもお気遣いなく……はやはやお帰り遊ばされ度く候先ハあらあらめで度。　彌太郎

御母上さま」

明治九（一八七六）年から一〇年にかけて、母の美和が大阪の長女・春路《はるじ》のところにしばらく行っていたときに、毎日のように書いた彌太郎の手紙の一節である。

明治九（一八七六）年というと、その前の年、日本国郵便蒸汽船会社を吸収して「郵便汽船

三菱会社」を名乗り、第一命令書による政府の助成策を独占的に享受するなど、まさに破竹の勢いだった時期である。社長独裁を標榜する三菱なれば彌太郎は多忙の極み。夜は夜で人脈づくりと称して芸者をあげてのドンチャン騒ぎ。身体がいくつあっても足りないはずだったのに、母にあててこうもマメに手紙を書いていたとは……。

井ノ口村の地下浪人・岩崎彌次郎に嫁いだ美和は、もともとは町医者の娘。貧しい暮らしの中でも凛として誇りを失わなかった。子どもたちには生涯絶大な影響力を持ち続け、世が変わって彌太郎が海運事業に乗り出してからも、内にあって彌太郎を絶えず励まし、時に厳しく諫めてきた。万事にがむしゃらな彌太郎には敵も多かったが、母は生涯を通して心の安定をもたらす存在だった。

美和は、岩崎家の家訓を残している。

一、人は天の道にそむかないこと。

二、子に苦労をかけないこと。

三、他人の中傷で心を動かさないこと。

四、一家を大切に守ること。

五、無病の時に油断しないこと。
六、貧しい時のことを忘れないこと。
七、常に忍耐の心を失わないこと。

六は、美和の言葉では「富貴になりたりと雖《いえど》も貧しき時の心を忘るべからず」で、これは井ノ口村の原点を忘れるなということ。母なればこその戒め。時に傲岸不遜《ごうがんふそん》と言われた彌太郎だったが、この言葉を思い出すたびに身の引き締まる思いだったであろう。

彌太郎の妻・喜勢は、結婚の出発点であったどん底の生活を決して忘れなかった。常に姑の美和を立て、一歩下がって彌太郎を支えた。

彌太郎の跡を継いだ弟・彌之助にとっても美和は常に意識する特別な存在だった。彌之助は一門を良くまとめ、嫡流である彌太郎の長男・久彌を総帥たるべく指導、育成し、久彌が二八歳になったとき三菱の社長を譲った。

孫のうち、彌太郎の長女・春路が嫁いだ三菱の社員・加藤高明はのちに官界に転じ、ついには首相になった。同じく四女・雅子の嫁いだ外交官・幣原喜重郎ものちに首相になった。が、いずれも美和没後のことである。

美和は東京に出てきた明治七（一八七四）年ごろから、夜半に目覚めると筆をとって、思い出すことを書き綴った。岩崎家のこと、彌太郎の最期のこと、三菱の事業のこと、家政のこと、家訓のこと、神仏のこと……。明治三三（一九〇〇）年に八五歳で亡くなるまで書き続けた。彌太郎を産み育て、支え、そして看取った偉大なる母は、岩崎家のゴッドマザーであり、自ら語り部でもあった。

一七回忌にあたり、孫であり三菱の三代目総帥である久彌は、美和の手記を『美福院手記纂要』全一〇冊に編纂した。岩崎家の子孫が読むべきものとして、現在も岩崎家に大切に保管されている。

日本最初のボーナス

毎年一二月になると、新聞社やテレビ局から、

「日本で最初にボーナスを出したのは岩崎彌太郎だそうですが、本当ですか？」

との問い合わせが三菱史料館にあるという。この際、本書の読者にも説明しておこう。

平凡社の『大百科事典』で「賞与」の項目をひくと、

「……沿革的には封建時代に商人社会や職人社会で盆暮に支給されていた『お仕着せ』の習慣が起源といわれるが、直接の始まりは一八七六年の三菱商事の賞与制度で、以後大企業を中心に普及したとされる……」

とある。「三菱商事」とあるのは単純に「三菱会社」の誤りであろうが、果たして、本当に明治九（一八七六）年に日本最初のボーナスが三菱会社で支給されたのだろうか。

史実を見よう。明治七（一八七四）年七月、三菱は台湾出兵に全面的に協力し、政府の絶大な信頼を得た。以後、民族資本の海運会社育成のためのさまざまな優遇策を享受して急成長していく。

翌八年二月には悲願であった上海航路を開設した。まずアメリカのＰＭ社が立ちはだかった。三菱は官民一体でこの競争に臨む。社名を「郵便汽船三菱会社」に改め士気上がる三菱は一〇月、政府の財政支援のもとに、ＰＭ社の上海航路の権益を買い取ることに成功、民族資本の航路を守りきった。

ところが一息ついたのも数カ月で、翌九年三月、今度は世界最大の海運会社であるイギリスのＰ＆Ｏ社が、上海――横浜航路のみならず大阪――東京航路にまで進出してきた。またまた熾烈な価格競争。新興日本のナショナルフラッグ三菱、早くも危うし。

三菱は大胆なリストラと徹底的な経費削減を実施。社員は彌太郎社長自身の五〇パーセント減給宣言に倣って給与の三分の一を返上した。陸上の事務員も海上の船員も、一丸となって顧客確保と安全運航にあたる。必死の防戦六カ月。九月にいたり、ついにP＆O社は上海――日本航路からの撤退を決めた。

彌太郎は、このビジネス戦争の勝利は社員の奮闘の賜であるとして、各人の働きを上中下に査定した上で年末に賞与を支給することにした。

しかし、実際には成績による格差は付けず、資格ごとに一律で支給された。社内通達をまとめた「布達原記《ふたつげんき》」に、明治九（一八七六）年一二月二八日付で次のように記されている。

「社業ノ隆盛ヲ致スニシタガヒ社務漸ク繁劇ニ赴キ、内外多事ノ際、社中各員別ケテ勤勉事務ヲ担任シ其ノ功績ヲ見ルコト少ナカラズ、依テ之ノ別紙目録ノ通リ賞与候コト……各船各社事務長・褒金五拾円……十四等級ヨリ十五等級迄・褒金十円……等外給使小使・褒金壱円」

この金額はそれぞれほぼ一カ月分の給与にあたる。

なお、これで年末賞与が制度化されたわけではない。毎年支給されるようになったのは、「三菱社誌」で見る限りでは明治二一（一八八八）年からである。

三菱以外の会社でどうだったのかは不明だが、三井には適当な記録がなく、住友では明治一五（一八八二）年制定の「住友家法」に「賞与例規定」があるとのことである。また、『岩波小辞典労働運動』の「一時金」の項では、明治時代官公吏に会計年度末の決算の余剰金を配分する慣習があったがそれを民間がまねたと説明している。

いずれにせよ、明治以降の近代的会社組織において、初めてボーナスを支給したのは、社員の奮闘に報いようとした岩崎彌太郎である可能性は高いといえる。

三菱の独占許すまじ

台湾出兵の際の軍事輸送で政府の絶大な信頼を得た三菱は、第一命令書により海運助成策を独占的に享受、明治一〇（一八七七）年の西南戦争では政府の要請に応えて全社をあげて軍事輸送を担った。

政府と深い信頼関係に結ばれた三菱は、国のしくみの中に確固たる地位を得、発展する日本経済の中でも大きな役割を担う。当時、帝都の人々は、黒塗りの二頭立ての馬車がカラカラと音をたてて走ってくると、岩倉右大臣か大久保参議かそれとも岩崎社長かと立ち止まったという。

だが翌一一年、大隈重信とともに三菱助成を推進してきた大久保利通が、馬車で紀尾井坂にさしかかったとき暗殺されてしまう。出る杭が打たれる前兆だった。

自由民権運動が国会開設要求を強める中で、伊藤博文と大隈の意見対立は深刻化した。伊藤は漸進的な国会開設とプロシア風の君主の権限が強大な国家をめざす。大隈は福沢諭吉に近い意見で早急な国会開設とイギリス流の議院内閣制の実現を主張する。

明治一四（一八八一）年、不明朗な北海道官有物払下げ問題で大隈が舌鋒鋭く政府に迫った。批判にさらされた政府は払下げ承認を撤回、返す刀で参議・大隈を罷免し、国会を九年後に開設する勅諭を発した。このとき、駅逓総監・前島密ら若手書記官たちも大隈罷免に抗議して官界を去る。明治一四年の政変である。

自由民権運動は勢いを得た。板垣退助、後藤象二郎らが自由党を、大隈らが立憲改進党を結成し、政党政治の実現をめざした。伊藤は最も大隈を警戒した。「大隈は福沢諭吉の知恵と岩崎彌太郎の財力に支えられている。三菱を叩かねばならぬ……」。

政府系の新聞や雑誌は、連日三菱を糾弾する。

「三菱は政府から莫大な助成金を受け取りながら高い運賃を国民に押し付け、儲けを金融や炭坑、鉄道などに投じて蓄財している。三菱の海運独占反対。助成撤回すべし」

政府は三菱に対抗しうる海運会社の設立をもくろむ。すかさず彌太郎は、基礎脆弱な日本の海運業界の疲弊を来たすと反論する。

自由党の機関紙『自由新聞』も三菱叩き、立憲改進党叩きのキャンペーンを張った。「立憲改進党は三菱党にして偽党、三菱は帝国の領海を私有する海上政府、海上を制するは岩崎彌太郎海坊主、これを退治すべし」

演説会場では大熊（大隈）と海坊主（彌太郎）の人形を切り裂くパフォーマンス。自由党と立憲改進党の足の引っ張り合いは薩長政府の思うツボだった。

暴漢に襲われた板垣退助が、「板垣死すとも自由は死せず」の名言をはいて男を上げたが、のちに政府の仲介でヨーロッパに外遊して総スカン、自由民権運動は失速する。流れは完全に薩長政府に傾く。

三菱の海運独占許すまじ。包囲網は縮まっていく。新政府とともに歩み日本の海運の王者になった三菱は、今や政府の目の仇。間もなく第三命令書が発せられ三菱への経営監督が強化された。

だが、三菱に対抗しうるまともな海運会社がない。強力な海運会社の立ち上げが急務だ。渋沢栄一らが奔走した。

そして明治一五（一八八二）年、政府の後押しで三井を中心にアンチ三菱連合の「共同運輸」が設立された。

翌年営業開始。即、不毛のダンピング合戦突入。折から、維新以降の経済政策のツケの清算ともいうべき松方デフレの真っ只中だった。

渋沢栄一と彌太郎

権限とリスクは一人に集中すべきと確信する岩崎彌太郎。多くの人の資本と知恵を結集するのが近代経営と説く渋沢栄一。明治の日本経済を代表する二人の実業家は、事業経営にまったく異なる信念を持っていた。

渋沢は彌太郎の誕生から六年後に、現在の埼玉県深谷の富農の家に生まれた。若いころは尊王攘夷に走り横浜の外国人襲撃に参加しようとしたこともあったが、縁あって徳川の一橋家に仕える。慶応三（一八六七）年には徳川慶喜の弟・昭武の訪欧に随行、各地で近代国家のさまざまなシステムを学んで帰国した。

維新後は大蔵省に入り、わが国の財政金融制度の確立に携わった。明治六（一八七三）年、財政改革の主張が容れられず井上馨らとともに官を辞する。以後、渋沢は民にあって合本主義すなわち多数の株主による会社の設立を推進した。第一国立銀行（のちの第一銀行、現みずほ銀行）を創立したほか、数百にのぼる会社の設立に参画した。儒教の精神を西洋流の企業経営に採り込み、義にかなった利を求め、「道徳と経済の合一」をモットーとした。

一方、エネルギーの塊のような男、彌太郎は社長独裁こそが企業の活力の源泉と信じて疑わなかった。明治八（一八七五）年制定の三菱汽船会社規則にうたう。

「当商会は……会社の名を命し会社の体をなすといえどもその実全く一家の事業にして……会社に関する一切のこと……全て社長の特裁を仰ぐべし」

向島の料亭で渋沢と彌太郎が酒宴を張ったことがある。天下国家を論じているうちは和気藹々だったが、会社の経営体制に議論がおよぶと雰囲気は一気にしらけた。渋沢は日記に事の次第を得々と記したが、彌太郎側にはまったく記録なし。渋沢の話は彌太郎の痛いところを突いたということなのか。あるいは一顧だに値しなかったということか。

渋沢栄一

それぞれの信念に基づき事業を展開してきた二人が、ついに正面から角を突き合わせることになる。共同運輸会社と郵便汽船三菱会社の戦いがそれだ。

渋沢には岩崎三菱の専横が許し難かった。近代経営の体をなさない単一資本にして、かつ株式非公開、社長独裁の会社が、政府の助成を享受し日本の海運を意のままにしている。許せない。日本のために良くない。渋沢は井上馨らに働きかけ、三井を中心に共同運輸を設立した。二年半にわたる壮絶なビジネス戦争に突入したのだった。

渋沢と彌太郎。明治日本の傑出した経営者だった。ともに国際感覚に秀で、「国家社会があっての企業」という共通の哲学を持っていた。お互いに一目置き、財界人としての活動では協力し合うことの多い二人だった。

しかし、渋沢は記している。

「余は岩崎彌太郎氏とは昵懇《じっこん》なりしも、それは私交上のみ、主義の上には意見の背馳《はいち》するところ多かりき。……共同運輸会社を起こしたるも実に三菱に対抗するためなりき」

渋沢は長生きして昭和初期まで日本の発展を見届けた。

後日談になるが、第二次大戦後ＧＨＱによって財閥本社が解体されたとき、最も株式公開が進んでいたのは三井でも住友でも安田でもなく、三菱だった。渋沢が生きていたら何と言っただろうか。

彌太郎、没す

飛行機はもちろん、まだ列車もトラックもないころのこと。海運が物流の大動脈だった。日本の海運に圧倒的シェアを保ち、価格操作をする三菱。「三菱の専横、許すまじ」といっても、三菱以外にまともな海運会社がない。対抗しうる海運会社を設立すべし。渋沢栄一や井上馨が画策、政府の出資を核に、三井など反三菱勢力が結集した。明治一五（一八八二）年七月に誕生した共同運輸会社である。

社長には伊藤雋吉《しゅんきち》海軍少将が就任、有事の軍事転用を条件に政府の助成が与えられる。が、実際には平時の貨客輸送、それも三菱への挑戦である。

翌年一月、共同運輸は営業を開始した。またたく間に三菱とのダンピング合戦の泥沼に突入する。三菱は次第に共同に食われ、不採算路線の廃止、経費節減、人員削減と、大幅リストラを迫られる。旅客運賃は二〇から三〇パーセントオフ。団体は現場の判断で臨機応変に割引き。貨物にいたっては三割引き四割引きは当たり前。当時の新聞には、「タダで乗せろ、嫌なら三菱に行くぞと言ったら、タダになった」とか、「三菱の方はタダの上に景品まで出すそうだ」

といった類の乗客の話が出ている。

運航の現場もヒートアップ。両社同時刻出航の場合は、煙突を真っ赤に焼きながらの抜きつ抜かれつ。ついには衝突事故まで起こす始末。あまりのひどさに西郷従道農商務卿が乗り出し、運賃、出航時刻、代理店、乗組員などに関する三〇条の協定を両社に結ばせた。しかし死闘を展開している現場は双方ヤワではない。協定はたちまち反故《ほご》になる。

そんな中で彌太郎は胃痛に苦しんでいた。明治一七（一八八四）年の夏からは食事もまともにとれなかった。伊豆の別荘で静養もしたが快方に向かわない。一〇月末には東京に戻って茅町本邸の床に伏した。最新の医療機器が持ち込まれ、東大病院のドイツ人教授をふくむ医師団が付きっきりで治療にあたった。

それでも彌太郎は意気軒昂で、激痛に耐えながら病床で指示を出し続けた。だが、死神は待ってくれない。ついに命が尽きるときが来た。明治一八（一八八五）二月だった。胃癌。岩崎彌太郎、享年五〇。生涯をかけて築いた海運事業が存亡の危機に瀕しているときだった。死んでも死にきれない思いだったろう。

弟の彌之助がすかさず三菱を継いだ。

「……亡き兄の宿志を継ぎ、不撓不屈奮励の所存である……」

と悲愴な宣言をして社員のタガを締めた。

だが、三菱にも共同にも体力の限界がある。バカな戦いをやめさせなければ民族資本の海運会社は共倒れになる。四月、政府はハラを決め、共同の海軍出身の社長を更迭。その上で、三菱・共同の首脳会談をセットした。川田小一郎と井上馨のギリギリの話し合いで両社の合併が決まり、伊藤博文、松方正義ら実力者も諒解した。

彌之助は「……たとい三菱の旗号は倒れ……実に忍ぶべからざるの事情これあるとも……国の大計に鑑み」共同との合併を受け入れることとし、この年「日本郵船」が発足した。出資比率は三菱五対共同六。新社長には共同の森岡昌純がなった。

三菱は海運事業部門を手放したかに見えた。しかし、共同の株主には長続きする赤字に嫌気がさし、株を三菱に売った者が多かったので、日本郵船全体でのマジョリティーは三菱側だった。それゆえに、日本郵船は時間の経過とともに三菱色を強め、二代目からは吉川泰二郎や近藤廉平ら三菱出身者が社長になった。そして、彌太郎が夢見た日本の船による世界航路を実現したのだった。

彌太郎の遺産

幕末の土佐の田舎の腕白坊主。よく村の裏山に登った。遥かに広がる黒潮の海を見ながら、まだ見たことのない広い世界に夢を膨らませた。水平線には大きな積乱雲が湧き上がっていた。岩崎彌太郎。明治三（一八七〇）年、三五歳で大阪に九十九商会を創設し、わずか五年で日本の海運業界の覇者となった。そして一〇年、あたかも太陽に挑むように前向きに生きた彌太郎だった。

立ち止まることを知らなかった。出る杭は打たれるの譬《たと》えの通り、毀誉褒貶《きよほうへん》種々あったが一歩も譲らなかった。自らの信念を貫いた。

茅町本邸の死の床で、おそらく彌太郎は、自分の人生で出会った数多くの人たちを思い出したことだろう。

坂本龍馬、吉田東洋、武市半平太、後藤象二郎、ジョン万次郎、トマス・グラバー、ウォルシュ兄弟、板垣退助、谷干城、大久保利通、大隈重信、福沢諭吉、伊藤博文、井上馨、西郷従道、渋沢栄一、松方正義……。波瀾に満ちた、密度の濃い人生だった。

明治一八（一八八五）年二月七日、五〇歳で息をひきとる直前まで、彌太郎の意識はしっかりしていた。激痛にうめきながら別れを言った。

彌太郎の遺志に従って三菱は彌之助が引き継ぎ、川田が支えた。さらに久彌、小彌太が継承し、日本の近代化と軌を一にして歩んだ。そして、世紀を二度跨《また》いで今日の三菱グループとなった。

彌太郎は武士の心にこだわった。三菱の飛躍的発展のきっかけとなった明治一〇(一八七七)年の西南戦争は、特権的役割を終えた武士たちの誇りと意地をかけた戦いだった。負け組の無念の思いは勝ち組に心の痛みとして引き継がれ、近代国家日本の礎となった。勝ち組の軍事輸送を担った彌太郎だったが、生涯を貫いたものは、「義」と「国のため」を旨とした「明治の武士道」だったといってよい。

その精神は、「所期奉公」の精神として代々引き継がれていった。期するところは国のため、社会のため。これこそ三菱の心である。

時は下って太平洋戦争勃発の翌々日、三菱の四代目総帥・岩崎小彌太は幹部社員を集め、

「(これまで自分はリベラルな発言もしてきたが)国のめざすところが決まった以上、国民の義務として、三菱の総力をあげて生産に励もう」

との基本姿勢を明示した。同時に、

「法が許す限り(これまで事業を提携してきた米英の友人たちの)身辺と権益を守ることは日本人の情義であり責務である」

と、特高警察の目を恐れることなく訓示した。座標軸のぶれない、彌太郎以来の三菱の総帥ならではの見識である。

文明は限りなく発達し、彌太郎少年が黒潮の海の果てに夢を膨らませた世界は、いつでも手が届くようになり、人類は宇宙にまで活動の場を広げている。であれば、彌太郎がこだわった「所期奉公」の精神は、今や、「世界のため、宇宙のため」と解釈すべきだろう。

岩崎彌太郎、駒込の染井の墓地に眠る。が、その心は染井にとどまっていない。彌太郎の遺産として三菱の各企業に受け継がれ、正々堂々の活動の中に永遠に生きている。

岩崎彌之助物語

彌太郎の遺志を継ぐ

岩崎彌太郎は、胃癌の激痛に苦しみながら茅町の本邸で死を迎えようとしていた。彌太郎の強烈な個性で引っ張ってきた三菱。それを叩き潰そうとする共同運輸。海運の覇権をかけた壮絶なビジネス戦争の真っ只中であった。

明治一八（一八八五）年二月。長男の久彌、弟の彌之助、母や姉のほか、川田小一郎、豊川良平、荘田平五郎ら会社の幹部たちが枕元に詰めていた。彌太郎の呼吸が乱れ出した。一同、かたずをのんで最後を見守る。と、彌太郎、忽然として目をあけ、うなるように話し出した。

「……志したことの……十のうちの一か二しかできなかった。……川田よ……もう一度盛りかえしたい……」

死んでも死にきれない思いだろう。息もたえだえに続ける。

「久彌を嫡統とし……彌之助は久彌を輔佐せよ……。小早川隆景が毛利輝元を輔佐したごとく、彌之助、頼むぞ。彌之助、川田よ、わしの志を継いで、事業をしっかり頼む……」

彌之助がきっぱりと答える。

「兄上、彌之助いのちある限り、粉骨砕身努力します。ご安堵下さい」

彌太郎はうなずき、弱々しく「もう何もいわん。腹の中が裂けるようだ……」と顔をゆがめ押し黙り目を閉じた。ややあって、目をあけ、さようならをするように右手を少し上げると、静かに永久の眠りについた。

『岩崎彌太郎伝』にある、彌太郎の最後の様子である。豊川が書き残した『臨終の記』に基づいている。

彌太郎の母・美和も、最後の様子をほぼ同じように書き残している。

「その時、彌太郎から彌之助への遺言がありました。久彌を嫡統として彌之助が後見となり、小早川を手本としてこれまでの彌太郎の趣意を必ず守るように、とのことで、それはそれは立派な申し置きで恐れ入るばかりでした。……彌之助は、仰せの通り鬼になって力の限りを尽くします、と答えました。……二人は最後まで心を通わせていました……」(『美福院夫人手記』)

元来が筋骨たくましく身体強健な彌太郎は斗酒《としゅ》なお辞せずの酒豪で、事業の進展に合わせるように無理に無理を重ねてきた。しかし、頭痛に悩まされることも多くなり、しばしば現場を彌之助にゆだね、熱海や伊香保で静養した。共同運輸との戦いがはじまるころには胃潰瘍も加わり、主治医から摂生を強く促されていた。だが、少しでも小康を取り戻すとじっとしていられない彌太郎だった。

数万人が会葬したという盛大な葬儀の三日後、彌之助は彌太郎の遺志を継ぐことを全社員に宣言した。

「……不肖ながら社長の任を相続し、今後諸君とともに一意わが海運の事業を拡張する所存である……世間においては種々憶測もあろうが、こと海運事業に関しては亡き兄の宿志を継ぎ、不撓不屈奮励の所存である……」

まさに共同運輸に対する弔い合戦の宣言だった。

が、実は彌之助は、三菱・共同の共倒れを避ける方策を模索していた。直情径行の彌太郎流ではなく、智将・彌之助ならではのやり方で……。

「兄よ、おまかせあれ。彌之助はやるべきことはやります」

三菱二代目社長・岩崎彌之助。事業の多角化をはかり、今日の三菱グループの基礎を築いた男。その業績と生きざまは……。

土佐・大阪・ニューヨーク

ペリーの黒船が浦賀に来たのは嘉永六（一八五三）年である。その二年前、岩崎彌之助は土佐の井ノ口村に生まれた。一六歳違いの兄・彌太郎がいた。父の彌次郎はのんだくれで頑固者の元郷士、母は町医者の娘でしっかり者。幕藩体制のほころびは如何ともし難く、日本各地で風雲急を告げている時代だった。

慶応三（一八六七）年、彌之助一六歳のとき藩校到道館《ちどうかん》に入った。文武両道を学ぶ。四書五経から兵学にいたるまで、さらには黒船来航に備えての集団闘争の訓練まであった。土佐藩では後藤象二郎が参政になり、山内容堂は大政奉還の建白書を提出した。やがて王政復古、まさに幕末・維新の嵐の中だったが、彌之助は動じることなく勉学に励んだ。

このころ、血気にはやることなく沈着に勉強した優等生はほかにもいた。馬場辰猪はのちに福沢諭吉に学びイギリスに留学、自らを自由民権運動に投じた。中江兆民はフランスに留学、ルソーの民約論を訳すなど自由主義思想を広めた。少し後輩の植木枝盛は板垣退助を支え、自由党結成に導いた。到道館の俊英たちである。

明治二（一八六九）年、彌之助一八歳。兄・彌太郎は長崎から大阪に移り、土佐藩の経済官僚として開成館大阪出張所（大阪・土佐商会）で物産の売買や海運を指揮していた。彌之助はこの兄を頼って大阪へ出、西長堀の土佐屋敷に住み込んだ。重野安繹《やすつぐ》の私塾成達書院に通い、漢学を学ぶかたわら彌太郎のアドバイスでアメリカ人医師に英語を学んだ。明治四（一八七一）

年、廃藩置県。三菱の原点である九十九商会を立ち上げていた彌太郎は本格的に実業界に乗り出し、東奔西走していた。

欧米視察に行く岩倉大使の一行が津田梅子など五〇名余の公費留学生とともに国を出たのも明治四（一八七一）年。その翌年、彌太郎の指示で彌之助は単身ニューヨークに赴く。このとき渡航手続きをしてくれたのが、彌太郎の長崎以来の取引先であるウォルシュ兄弟である。ちなみに同兄弟が長崎から神戸に移って建設した製紙工場は、今日の三菱製紙の母体になった。

英和辞典とわずかな身の回り品を持って摩天楼のニューヨークに着いた彌之助、興奮の極みである。こんな世界があったのだ。彌之助はコネチカットの田舎に移り、ほかに日本人のいない世界で一年半学んだ。のちに管事（社長に次ぐ立場）川田小一郎の長男・龍吉がイギリスに留学した際に彌之助は彼に手紙を書いている。「英語を学ぶ早道は日本人とはつきあわないことだ。私はそうしたから一六カ月で英語をマスターすることができた」。

筆まめな彌太郎からは頻繁に手紙が来た。異国での生活への気遣いからはじまって、日本の情勢、九十九商会の事業、船旗にスリーダイヤのマークを採用したこと、家族を大阪に引きまとめたこと、などなど……。

明治七（一八七四）年、三菱商会は東京に本拠を移し、日本国郵便蒸汽船会社との本格的競争に入った。

ニューイングランドの岩崎彌之助

ニューヨーク到着後、彌之助がどこでどんな勉強をしたかについては、実は詳細が不明だった。岩崎家伝記刊行会編の『岩崎彌之助伝』でも、ウォルシュ兄弟の尽力でニューヨークに渡ったことや、彌太郎が彌之助に出した手紙のことは縷々《るる》述べているが、肝心の留学先についてはまったくふれていないのである。

ところがある日、ウェブサイトに、

岩崎彌之助とホール校長

「彌之助の当地での古い写真に興味ありますか?」

とのメールがアメリカの郷土史研究家から届いた。それを受けて先方とコミュニケートするうちに、筆者は、かつて彌之助がニューイングランドの村で勉強していたことを確信するようになった。そして、コネチカット州北部の、ほとんどマサチューセッツ州との州境の村に、郷土史研究家・ファヒー女史を訪ねたのは初秋だった。彌之助ゆかりの建物を案内され、残っている写真や記録を見た。彌之助は今から約一三〇年前、ニューヨークで遊んでいたのではなく、間違いなくここの全寮制の学校で、極めてまじめに学んでいたのだ。その名を「ホール・ファミリー・スクール」という。当時のニューイングランド地方には、土地の名士や教育者が自宅に生徒たちを住まわせて教育する小さな学校があちこちにあったが、まさにそういう学校だった。

明治四(一八七一)年の暮れの神戸で、彌太郎から彌之助の留学を相談されたウォルシュ兄弟の弟、ジョン・ウォルシュの頭に閃《ひらめ》いたのは、この小さな全寮制の学校だった。日本人のいない二四時間英語の世界。言語習得の一番の早道である。校長は盟友フランシス・ホール(ウォルシュ兄弟とともに横浜と神戸にウォルシュ・ホール商会を設立)の兄・エドワードだ。ピューリタン精神に基づく米国紳士の養成をめざしている。彌之助はクリスチャンにはならずとも西欧的な思考回路を体得することができるだろう。

翌五年、ということは一八七二年、南北戦争が終わってまだ七年だった。彌之助は太平洋を渡り汽車で大陸を横断し、五月の初め、ニューヨークに着いた。ウォルシュ家の人々にマンハッタンを案内され、新しい世界に目を見張る数日を送ったのち、北東二三〇キロにあるエリントンの村へ馬車で一日がかりで送り届けられた。

森や牧場や小麦畑が広がる静かな村。白い教会の近くに、エドワード校長の家族と一二人の生徒が住む大きな家がある。東隣りの家屋が教室だ。生徒は彌之助を除いて八歳から一六歳まで。皆、彌之助より年少だ。

早朝の祈りにはじまり聖書講読、そして朝食が終わると教室へ移動、エール大学出身の若い教師たちから数学年の生徒たちが一緒に歴史、数学、化学、あるいはラテン語やギリシャ語など古典を学ぶ。が、カリキュラムの半分は米国紳士として重要な正しい英語の読み書きや弁論術だ。

エドワードは弟のフランシスが日本から送り込んできたこの青年を、ことのほかかわいがった。礼儀正しい。何事にも熱心だ。そして言葉こそたどたどしいが頭の回転が速い。他の優秀な生徒同様エール大学へ進学させたいと思った。金曜の夜はペチカのある居間でティーパーティー。ミルクティーにエドワード夫人手づくりのクッキー。先生と生徒たちの会話ははずんだ。

ニューイングランド地方の気候は北海道のようなもの。夏は快適だが冬は寒い。雪は降り、池は凍る。やがて花が咲き乱れる春が来る。そしてさわやかな夏。

あっという間に一七カ月が過ぎ、彌之助が不自由なく英語を話せるようになったとき、彌太郎から父の死を知らせる手紙が届いた。大阪に設立した九十九商会は発展し、船旗もスリーダイヤに改め、社名も三菱を名乗ったという。彌太郎の強力なリーダーシップによる一気呵成、疾風怒濤のビジネス展開。彌太郎としてはやはり血を分けた身内のパートナーが欲しいという。「この際、留学を中断して帰国し右腕になってほしい」との兄の手紙は命令書でもあった。こうして彌之助は秋たけなわのニューイングランドをあとにしたのだった。

捨て身で彌太郎を説得

さて、まったくの異文化の中で密度の濃い一年半を過ごした彌之助は、明治六（一八七三）年、大阪に戻り、今でいう副社長として三菱商会に入った。

翌年、三菱は本拠を東京に移し勝負に出た。武家の商法にならぬようおかめの面を店頭に掲げ、社長以下サービス第一に徹してライバル日本国郵便蒸汽船に競り勝った。社名を郵便汽船三菱会社に変更してさらに勢いに乗る。

当時の幹部の集合写真を見ると、彌之助はまだまだ書生くさい顔で荘田平五郎らと後方に立っている。前列中央には当然のことながら彌太郎が石川七財や川田小一郎を従えて胸を張っている。

彌之助は、台湾出兵の際の軍事輸送や内外の競合他社とのビジネス戦線で実務経験を積み、西南戦争の際には長崎で軍事輸送の陣頭指揮をとった。その後、東京海上保険・三菱為換《かわせ》店・明治生命・日本鉄道（現在の東北本線）の設立など新分野での経験を重ね、やがて本業の海運業で共同運輸と壮絶なサバイバル戦を、彌太郎を支えて戦うのである。

副社長時代の後半の彌之助は三菱の後継者として重要な役割を果たすことが多かった。その最たるものが、明治一四（一八八一）年の高島炭坑の買い取りである。これはのちに彌之助が三菱を引き継ぎ、三菱の多角化路線を展開する際の重要な布石となる。

高島炭坑は元禄年間から鍋島藩が細々と採掘していたが、明治七（一八七四）年に国有となった。それを後藤象二郎が払下げを受けてひと儲け企んだが労使問題は泥沼化、経営は火の車で進退きわまっていた。そこに現われたるは福沢諭吉。政治家としての資質の高い後藤象二郎が借金漬けで潰れてしまうのは惜しい。後藤を救うべく、かねて懇意の三菱に高島炭坑の買い取りを依頼する。しかし彌太郎はなかなか「うん」と言わない。恩人とはいえ、後藤の二枚舌にはこれまで何度も煮え湯を飲まされていたのだ。

彌之助はというと、高島の推定埋蔵量、出炭予想、収支予想、既存施設の資産価値、三菱の船腹を利用することの意味、石炭販売の利ざやなどを総合的に評価、「これは買収すべし」と彌太郎を執拗に説得する。

明治一三（一八八〇）年七月、さしもの彌太郎もついに折れた。ところがその後、後藤象二郎側の事実隠蔽がまたまた発覚。彌太郎は静養先の熱海から彌之助と石川七財に怒りの書状をぶつけた。

「一旦象二郎に六〇万なら引き受けると言ったが、こうまで不都合が明らかになっては象二郎を助ける心いささかもない……我が違約するのではない。象二郎が我をごまかし、我を愚弄するのだ……貴様ども、象二郎の苦労をわが社に持ち込むな……」

彌之助は福沢に助けを求める。福沢は大隈重信に応援を頼む。大隈が彌太郎に書状を送り、「些細なことで怒るな」となだめる。二転三転。すんでのところで買収劇は破談になるところだったが、翌年三月に契約はようやく成立した。三菱が後藤に払った金額は結局九七万円に膨れた。

しかし、彌之助の計算通り高島炭坑は明治二〇年代における三菱最大の事業となって大きな収益をもたらし、三菱が海運事業から鉱業や造船を中心とする一大産業資本に発展する核になった。後藤象二郎は彌之助の岳父であるが、情実ではなく彌之助の経営者としての判断に基づく捨て身の彌太郎説得だった。

日本郵船の誕生

明治七（一八七四）年の台湾出兵にあたり、英米などの船会社から協力を断られた日本政府は、急遽新興の三菱に白羽の矢を立てた。彌太郎は「国家の有事にあっては私利を顧みず」と即座にこれを受け、全社をあげて軍事輸送にあたった。任務を達成し、勢いをつけた三菱はその後、英米の海運会社との激しい競争の末に、民族資本による沿岸航路の運航を確立した。また、明治一〇（一八七七）年の西南戦争では船舶徴用命令に従い社船四〇隻、傭船《ようせん》四隻を投入して政府軍の輸送にあたった。

こうした三菱の国家への貢献は政府のさまざまな援助を引き出し、時代の流れの中で重要な役割を果たしながら業績を伸ばす。上海、香港、仁川、ウラジオストックにも航路を開設、近海航路の独占体制を確立した。まさに日の出の勢いである。

しかし、当然それを良しとしない者はいる。明治一四年の政変で大隈重信が失脚し薩長閥が権力を握ると、三菱に対する政府の姿勢は一変した。三菱の独占を崩すべく、井上馨、品川弥二郎、渋沢栄一、益田孝などなど、政財界の大物が語らって半官半民の海運会社が設立された。明治一六（一八八三）年一月、共同運輸会社が営業を開始する。

かくして三菱と共同運輸の存亡をかけての二年九カ月におよぶ戦いの幕が切って落とされたことは何度も述べてきた。彌太郎の反骨精神はメラメラと燃え、強気一辺倒で反発する。が、実はこのころ耐え難い胃痛で苦しんでいた。

しかし兄がダメなら弟の彌之助がいる。三菱はまず政府から下付された船舶代金の残額を完済して足かせを外し背水の陣をとった。香港、琉球など不採算航路を閉鎖、老朽船の売却などリストラを敢行、格安運賃で客の取り込みを図る。共同も負けじと、運賃引き下げ、リベート増額。ついには、同日同時刻に出航して互いに航路を譲らず衝突事故まで起こす始末。民族資本による海運業の育成は維新以来の国策である。このままでは共倒れになるのは必死。しかし三菱も共同も頑として妥協しない……。

明治一八（一八八五）年二月、彌太郎は無念の死を遂げた。跡を継いだ彌之助は徹底抗戦を宣言。しかし水面下で妥協点を模索する智将でもあった。管事の川田がひそかに井上馨外務卿など政府要人とコンタクトをとり解決の糸口を探る。政府には両社を合併させる以外に妙案はなかった。政府は動いた。共同運輸の経営陣を入れ替え、その上で三菱に合併同意を求めた。彌之助は「たとえ三菱の旗号は倒れ、……実に忍び難いものがあっても、国の大計のためには」やむなしと判断する。かくして三菱・共同の不毛の戦いは終わった。

その年の九月、日本郵船誕生。三菱は海運関係の資産一切と、幹部をふくむ五〇〇余名の職員と一〇〇〇余名の船員を差し出した。出資比率は三菱五対共同六。社長には共同の森岡昌純社長が就任した。所有船舶五八隻、総トン数六万八〇〇〇。巨大な民族資本の海運会社の誕生である。日本郵船。船旗は白地に赤い線が二本。三菱と共同を意味する。

共同の株主には三菱関係者も多かったので、二社合わせると過半数は三菱側だった。筆頭株主は彌太郎の跡取り久彌。次が共同の大株主だった大蔵省で、三番目は彌之助だった。名を捨てて実を取る。これぞ彌之助流。日本郵船二代目社長には三菱出身の吉川泰二郎がなった。

事業の多角化と人材登用

海運事業のすべてを日本郵船に移管すると、郵便汽船三菱会社は明治一八（一八八五）年九月三〇日をもって閉鎖した。しかし三菱には海運以外の事業があった。吉岡鉱山、高島炭坑のほか、第百十九国立銀行や千川水道、長崎造船所などである。ただし、これらは「岩崎家の事業」ということになっていた。明治八（一八七五）年の第一命令書および翌年の第二命令書により、郵便汽船三菱会社は（政府の破格の補助を受けていたため）海運以外の事業を禁止されていたからである。

彌之助は明治一九（一八八六）年三月、東京府知事に書状をしたためた。

「弊社は、先般海運事業を日本郵船会社に譲渡いたしたるも、今後は社名を単に『三菱社』として、高島炭坑ならびに長崎造船所等の事業を行う所存ゆえ、念のためお届け申し上げる。

三菱社長　岩崎彌之助」

さあ、「海運以外の事業の禁止」の呪縛が解けた。すでに育《はぐく》んでいた多角化の苗が力強く成長を開始する。

そもそも、吉岡鉱山は川田小一郎が交渉して明治六（一八七三）年に備中松山藩主だった板倉家から買い取ったものである。高島炭坑は紆余曲折の末、明治一四（一八八一）年に後藤象二郎から買い取った。明治一七（一八八四）年に借り受けた長崎造船所は三菱の海運事業の一環だったが、日本郵船には引き継がず手許に残した。三菱は転んでもタダでは起きなかったわけだ。

彌之助を支えるのは彌太郎以来の多彩な人脈だった。彼は近代的な企業にとってキーになるのは優秀な人材の確保だということを認識していた。豊川良平などが積極的に動き、福沢諭吉の慶應義塾から荘田平五郎（のちの管事）、山本達雄（のちの日銀総裁）など多くの人材をリクルートした。役人志向の強い東京帝国大学関係の学生も青田買いで迎え入れた。南部球吾(管事兼炭坑部長)、近藤廉平(日本郵船社長)、末延道成(東京海上火災保険会長)、加藤高明(のち政界に転じ首相)などなど、いずれも三菱のみならず各界をリードすることになる人材である。

外国人の幹部登用についても前向きだった。デンマーク人のフレデリック・クレブスは明治六(一八七三)年入社の鉱山技師で当初は炭坑の採掘指導にあたったが、のちに本社に呼ばれ石川七財、川田小一郎に次ぐ管事にまで上りつめた。現在でいえば技術ならびに国際人材担当役員といったところ。船会社であることからもともと三菱には外国人社員が多く、明治一五(一八八二)年には従業員二五〇〇人中四〇〇人を数え、各支社には日本人と外国人の支配人が一名ずついた。クレブスはその頂点にいた。

グラバー邸で有名なトマス・グラバーはイギリス人。長崎で薩長土を相手に船舶、武器、機械類を取引し、鍋島藩の高島炭坑経営にも協力した。倒幕に大きな役割を果したが、皮肉にも維新後は武器が売れず明治三(一八七〇)年に倒産した。グラバー自身はその後も日本で活動し、三菱が高島炭坑を買い取ってからは三菱の渉外担当顧問として彌太郎、彌之助、久彌に仕えた。現在は妻・ツルとともに長崎の国際墓地に眠る。

彼らは彌之助というよりは彌太郎の人脈だが、初期三菱において重要な役割を果たし、彌之助の推進した「事業の多角化」に貢献した。このほか、社員ではなかったがアメリカの貿易商・ウォルシュ兄弟や、イギリス人建築家のジョサイア・コンドルなども彌之助の力となった。

日本初の保険会社設立

三井住友銀行になった住友銀行は銅精錬事業のかたわらはじめた両替商が出発点。同じく三井銀行は呉服店越後屋の西隣りに開店した三井両替店がはじまり。みずほグループの富士銀行は両替兼食品小売の安田屋が原点である。

東京三菱銀行（現三菱東京ＵＦＪ銀行）の生い立ちはちょっと違う。旧東京銀行の前身・横浜正金銀行は明治一三（一八八〇）年、貿易金融により「金銀正貨」を獲得することを目的に設立された。一方、旧三菱銀行は、海運会社が顧客サービスの一環としてはじめた荷為替金融に源流がある。明治一三（一八八〇）年に郵便汽船三菱会社から分離独立し「三菱為換店」として営業を開始した。が、明治一八（一八八五）年、日本郵船が設立され海運が三菱から切り離されたのを機に廃業、従業員の多くは三菱が経営を引き受けていた第百十九国立銀行に移った。

明治二八（一八九五）年に三菱合資会社に銀行部が設置され、第百十九国立銀行の業務はこれに吸収された。初代部長はのちの管事・豊川良平。景気の低迷で弱小銀行が破綻する中、銀行部は着実に業績を伸ばした。当時の神戸支店の光景について「……営業室は畳敷きで、お客は土間の椅子に腰掛けている。私たちも洋服ではなく、着物に角帯、前掛けだった……」と書き残されている。

金融業務とともに分離独立したのが倉庫業務。「七ツ倉」と呼ばれた三菱の江戸橋倉庫は、東京名所として当時の錦絵にも描かれた。三菱為換店が廃業した際に倉庫業務はいったん郵便汽船三菱に戻されたが廃業、明治二〇（一八八七）年に改めて「東京倉庫」として設立された。明治三二（一八九九）年には三菱合資の銀行部が全株式を取得。大正七（一九一八）年、社名を「三菱倉庫」に変更し、業績を伸張させていった。

わが国初の損害保険会社である東京海上火災保険は明治一二（一八七九）年に設立された。発起人は渋沢栄一。筆頭株主は華族組合。次が岩崎彌太郎だった。三菱が早くから損保の必要性を政府に訴えていたこともあって、オールジャパンで立ち上げるとき、こういう組み合わせとなった。翌年、郵便汽船三菱とともに三井物産が代理店になり、英、仏、米でも営業を開始した。以来、東京海上は国力に比例して伸びていく。明治二九（一八九六）年には荘田平五郎が取締役会長に就任している。

近代的な生命保険の概念は福沢諭吉によってもたらされた。明治一二（一八七九）年の暮れ、三菱の忘年会で荘田平五郎をはじめとする福沢門下生たちの話がたまたま生命保険のことにおよび、それがきっかけでやがて日本初の生命保険会社である明治生命が設立されることになった。明治一四（一八八一）年のことである。頭取の阿部泰蔵ほか荘田ら三菱の慶應人脈が役員に名前を連ねる。明治一九（一八八六）年には、福沢が経営の安定のために岩崎久彌に株式の買い取りを依頼、久彌はこれに応じて筆頭株主になった。

以上は彌太郎・彌之助・久彌三代にわたる時代のことである。総帥自らが金融の陣頭指揮をとることはなかったが、荘田はじめ関係者は総帥の意を体したプロだった。三菱の多角化路線の強力な支援部隊だった。

なお、三菱信託会社は、昭和二（一九二七）年に三菱合資を中心に設立された。東京海上の各務《かがみ》鎌吉会長が初代会長。信託「銀行」となったのは戦後のことである。

彌之助の鉱山獲得積極策

自動車も飛行機もなく、鉄道網もまだまだだったころ、海運は物流の根幹だった。その海運事業を切り離した三菱は、明治一九（一八八六）年に三菱社を発足させ、経営の中心に鉱業を据えた。石炭や銅は殖産興業の原動力であり、外貨に変換しうる資源でもある。鉱業は国家とともに歩む三菱の哲学にも合った。

明治一四（一八八一）年に買収した高島炭坑は、すでに官営の三池炭坑とならぶ最優良炭坑になっていた。出炭量は全国の二〇パーセント。しかし、埋蔵量に限りがあり、このまま行くと七年余りで掘り尽くすのではないかと危惧されていた。三菱は周辺の島の採掘権を次々に獲得し試掘を繰り返した。

軍艦島

高島は、現在は長崎から高速船で三〇分余りのフィッシング・リゾートの島に生まれ変わっている。港の公園には彌太郎の銅像もある。その沖合の端島《はしま》は明治二三（一八九〇）年から約八〇年間、三菱の経営で採炭を続けた。昭和四九（一九七四）年に廃坑となり無人島になったが、「軍艦島」の別名通りの島影の中に、つわものどもの夢の跡といった感じで、高層社宅などの廃墟がそそり立つ。最近、世界遺産暫定リストにも載った。

ところで、明治二一（一八八八）年に三池炭坑が払い下げられることになり競争入札が行なわれた。三池の石炭はもともと三井物産の扱いである。意地でも敗けられない三井が、僅差で競り勝った。

敗れた三菱はやむなく筑豊に目を転じる。翌年から中小炭坑を次々に買収していく。新入《しんにゅう》、鯰田《なまずた》、下山田、上山田、方城……。こうして三井の三池、三菱の筑豊という図式ができた。

筑豊は、高島と違って埋蔵量が豊富だった。このため、三菱は設備投資を積極的に行なった。とくに採炭、排水、選炭などの現場に最新の技術を導入した。

田川市立図書館に山本作兵衛という人のスケッチが保管されている。褌《ふんどし》ひとつの亭主が腹ばいになってツルハシで石炭を掘り、腰巻きだけの女房が石炭籠《かご》を引きずり出しているというものである。山本は明治三五（一九〇二）年の生まれ。七歳から炭坑で働いたという。この絵が実際の記憶に基づくとすれば、機械化前の現場を表わした貴重なものといえる。

金属鉱山についていえば、彌太郎の時代、明治五（一八七二）年にまず岡山県の吉岡鉱山を買収した。当初は採算に合うだけの産出を見なかった。明治一四（一八八一）年に近代的な鑿岩機《さくがんき》を導入してからは本格的採鉱が可能になり、各地の鉱山の再開発についても技術的な見通しがついた。

彌之助は鉱山獲得に積極策をとり、明治一〇年代に七山、二〇年代には尾去沢《おさりざわ》をはじめ、猿渡、槇峰、面谷《おもだに》など四〇山を買い取った。坑道の開鑿《かいさく》、坑内運搬や精錬工程に新技術を導入し、生産は飛躍的に伸びた。

なお現在、秋田県の尾去沢には鉱山そのものを博物館として残した「マインランド尾去沢」がある。尾去沢鉱山の歴史は慶長時代までさかのぼるが、彌之助による買い取り以降、近代鉱山として九〇年におよぶ稼動を続けた。地底の全長八〇〇キロにおよぶ坑道のほんの一部、一・七キロが産業遺産として公開されている。薄暗い照明に導かれて歩いて行くと、採掘した鉱脈の跡の暗い底なしの空間に思わず身が引き締まる。

炭坑、鉱山事業は、大正七（一九一八）年に三菱鉱業（現在の三菱マテリアル）として合資会社から独立した。また、当初売炭部と称した営業部も、同時期に三菱商事になった。両社は兄弟ということになる。

造船日本の船出

ペリーの来航が嘉永六（一八五三）年。幕府はドロ縄ながら海防強化策をとり、浦賀に造船所を建設、さらに長崎、横浜、横須賀に造った。また、水戸藩の石川島造船所、加賀藩の兵庫造船所も完成した。薩摩も肥前も……。やがて、明治維新。新政府はこれら造船所を接収する。しかし、いずれも和船の建造能力しかなく鉄船については修理がやっと。世界は鉄船の時代である。政府は今でいう民活の一環として、横須賀と呉の海軍工廠《こうしよう》を除いて順次民間に払い下げていく。

三菱についていえば、海運会社として所有する船舶のメンテナンスのために自前の修理工場を持つ必要があった。明治八（一八七五）年、上海の造船業者ボイド商会と共同で横浜に三菱製鉄所を設立、船舶の修繕にあたった。明治一二（一八七九）年にはボイド商会の権利を買い取り三菱として自立した。

明治一七（一八八四）年、共同運輸とのビジネス戦争の最中に、三菱は長崎造船所の借り受けに成功した。「貸下げ」が決まるまでに彌之助や川田小一郎の粘り強い根回しがあったことは論を俟《ま》たない。長崎造船所では鉄船の修繕をしながら、建造のための技術を習得していく。

翌年、彌太郎が逝った。明治二〇（一八八七）年、三菱製の最初の鉄船『夕顔丸』が竣工した。高島炭坑向け貨客船、二〇六トンだ。同じ年、念願の長崎造船所買収が実現する。以後、彌之助の強いリーダーシップのもとに長崎造船所に積極的な設備投資が行なわれ、大胆な近代化が図られていった。

大阪商船が新たに六〇〇トン級の鉄船を国内で六隻建造することになった。同社は沿岸航路に輸入鉄船を就航させていた。当然のこととして工部省直轄の兵庫造船所が独占受注する流れにあった。造船所の将来を決定づける一大プロジェクトである。三菱は彌之助の執念ともいうべき営業努力によって、六隻のうち三隻を受注した。

長崎造船所にとっては未曾有の建造である。本社と現場の息が合わなければならない。川田小一郎や荘田平五郎が本社で指揮をとり、長崎造船所支配人・山崎正勝が現場を取り仕切る。ドックや工場がさらに拡張された。大変な先行投資。三隻の鉄船は明治二三（一八九〇）年から翌年にかけて完成した。長崎造船所にとってはやがて来る大型船の時代につなぐ記念すべき造船だった。この間に東京大学工科大学から採用された技術者が育ち、一方では、資金繰り、資材の買い付け、労務管理など、造船所経営の実践的ノウハウを修得した。

日本郵船は近海航路のみならず世界航路をめざしていた。が、その船舶を三菱で建造するにはさらに技術の蓄積を待たねばならなかった。彌之助が監務に退いてからになるが、明治二八（一八九五）年、日本郵船は欧州航路用として六〇〇〇トン級外航船六隻の建造を決める。すべてイギリスへ発注される予定だったが、三菱はそのうち一隻を受注する。それまでの三菱の最大建造実績は一五九二トン。船主にとっても造船所にとっても、無謀ともいうべき契約だった。しかし、長崎造船所はすでに近代技術による建造能力を身につけていた。明治三一（一八九八）年、大変な苦労の末に『常陸丸』六一七二トンが完成する。

造船王国日本の船出だった。

「国家あっての三菱です」

つい十数年前までは週末や夜間はひっそりとしていた丸の内オフィス街だが、今や、新築なった丸ビル、新丸ビルのみならず、仲通りにはブティックやレストランが軒を並べる。丸の内は銀座につながる繁華街として、暗くなっても賑わう街に変貌した。

その丸の内仲通りに並行する、三菱東京ＵＦＪ銀行の本店と三菱商事の本社の間の通りは何と言うか。丸の内に勤めている人でもまず答えられないだろう。なぜなら、その名は地図から消えてしまったからだ。実は「大名小路《こうじ》」と言った。このあたり一帯は諸大名の上屋敷だったからである。

大名屋敷の多くは明治維新後、皇居警護のための兵営になり、練兵場もできて、丸の内はさながら軍人の町になった。しかし、富国強兵の国策のもと、首都の陸軍も、内乱よりも外戦対応を一義とするようになり、より大きな敷地のある赤坂や麻布へ移っていった。その結果、丸の内はさびれてしまった。

明治二二（一八八九）年、東京市は都市計画のマスタープランを作成した。それによると丸の内は将来広い道路を通して市街化することになっていた。一方、陸軍省は麻布に煉瓦造りの近代的な兵営を建てようとしていた。師団司令部や歩兵連隊のためである。その見積りざっと一五〇〇万円。陸軍予算の一割以上にあたる。

折から、自由党の板垣退助や改進党の大隈重信は軍事費の大幅削減を叫んでいた。特別予算の確保はとても無理だ。そこで浮上したのが丸の内の陸軍用地の売却による資金調達だった。ただし、丸の内は皇居の正面ゆえ、雑然とした街になっては困る。きちんとした地域開発ができる先に一括して売却するのが望ましい。

折からの不況で資金的余裕のある業者は少ない。だが、軍の意向は強い。松方正義蔵相は背水の陣で有力財界人と個別に交渉するが、いずれも言を左右にするばかり。渋沢栄一が、三井や大倉でコンソーシアムを組みライバル三菱と連名で払い下げるという企業連合の結成も画策したがうまくいかない。東京市が買い取ることも検討されたが、政府の売却希望価格が市の年間予算の三倍というのでは、とても手が出ない。

いよいよ時間切れとなり、見通しの立たないままに一六の区画に分けて入札が実施された。三区画を除いて三菱が最高値をつけたが、案の定、全区画合算しても、政府の希望価格に遙かにおよばない。入札はキャンセル。大蔵省の失態である。

追いつめられた松方は岩崎彌之助を訪ねた。政府の希望価格での買い取りを懇請する。なりふりかまわぬ松方に、彌之助は軍の力の台頭を垣間見た。熟考の末に決断する。

「国家あっての三菱です。お国のために引き受けましょう」

明治二三（一八九〇）年三月契約。丸の内の兵営跡と三崎町の練兵場併せて約一一万坪。一二八万円。相場の二倍から三倍である。いくら三菱であっても経営の根幹を揺るがしかねない大変な金額である。

だが智将・彌之助、松方に言ったきれいごとだけでの決断ではなかった。荘田平五郎と末延道成が、出張先のイギリスから「ロンドンのようなオフィス街」の建設を提案してきていた。彌之助の心の中でイメージが少しずつ膨らみはじめていた。それは、近代日本を象徴するビジネス街の誕生を意味する決断だった。

日銀総裁就任

明治一八(一八八五)年の社長就任以来、彌之助は尾去沢、槙峰など、各地の鉱山を手中にし、炭坑は高島から筑豊にも進出した。長崎造船所を取得して設備を拡張し、一方、金融分野にも事業展開、さらには丸の内オフィス街の建設に着手した。この結果三菱は、三井、住友と肩を並べる一大産業資本に成長した。帝国憲法の発布、東海道本線の全面開通、第一回帝国議会の開催といった時期、明治中期のことである。

明治二六(一八九三)年に商法が施行され、各種事業も個人経営から組織経営に脱皮する。彌太郎の長男・久彌も五年余のアメリカ留学から戻り、三菱社の副社長として経験を積んで二年になった。彌之助は三菱社を商法にのっとり三菱合資会社にした。久彌との折半出資。社長には久彌を据え、自らは「監務」という今でいえば会長ないし相談役の立場に退いた。彌之助四二歳、久彌二八歳のときである。

彌之助は、彌太郎の遺言を忠実に守り、自分はあくまでも久彌が育つまでのワンポイントリリーフと位置づけていた。だからこそ行なわれた早めの交替劇だった。

明治二七(一八九四)年には丸の内最初の赤煉瓦のビル「三菱一号館」に三菱合資会社が入

居し、彌之助監務の部屋も設けられた。新社長の補佐役には豊川良平や荘田平五郎など信頼できる管事がいたが、トップとしてまだ不慣れな久彌の相談相手になった。かたわら、財界の重鎮として大所高所から発言し活動する。

そんな中でふってわいたのが、明治二九（一八九六）年の第四代日銀総裁就任の話である。亡き彌太郎の盟友で、ずっと彌之助を支え続けた川田小一郎は、第三代日銀総裁に転じ采配を振っていた。その川田が急死したとき、高橋是清蔵相には川田並みの見識のある人物としては彌之助しか思いあたらなかった。川田は出勤せずに行員を自邸に呼びつけて指示するなど大物ぶりを発揮したが、彌之助は毎日律儀に定刻に出勤し、幹部の意見に耳を傾けながら事を進めたので行員の信頼は篤かった。

彌之助の日銀総裁としての業績はわが国の近代経済史に燦《さん》として輝く。総裁就任四カ月、明治三〇（一八九七）年三月、わが国は金本位制採用を決定したが、正貨準備の重要性が増すことを考慮して日銀は外国為替専門銀行である横浜正金銀行（のちの東京銀行、現三菱東京ＵＦＪ銀行）との協調体制を確立した。また、金本位制実施期日の一〇月までに、金融制度の画期的な転換を図り、株式担保貸出制度の改正・個人取引の開始などを実施、市中銀行のオーバーローンの是正・預金銀行への体質改善という、今日では当たり前の体制を確立したのだった。

明治三一（一八九八）年一〇月、彌之助は公定歩合をめぐって時の隈板《わいはん》内閣の蔵相・松田正久と衝突、たび重なる大蔵省の干渉に、

「これでは日銀総裁などいらぬではないか」

と辞表を叩きつけた。ただし、遺恨伝説になってもまずいとの配慮から病気静養を理由にした。総裁がわずか二年で辞任したことを、当時の日銀関係者は痛恨の極みとした。

後任には山本達雄が内部抜擢された。彼はもともと三菱の人材で川田が日銀総裁のときに移籍した。ちなみに元三菱銀行頭取の宇佐美洵も第二一代日銀総裁を務めている。

多趣味の人、その遺産

わが国の発展とともに三菱を一大産業資本に育て上げ、最後は日銀総裁も務めた彌之助だったが、リタイアしてからは気楽な立場になった。明治三三（一九〇〇）年に岩崎家のゴッドマザーともいうべき母・美和が八五歳で亡くなった。それを機に彌之助は井勘定だった岩崎家の経理を整理し、分家の勘定を岩崎本家から独立させた。故郷の井ノ口村に錦を飾り、生家を修繕し、丘の中腹の先祖代々の墓所を整備した。

明治三五（一九〇二）年には、当時の多くの成功者がそうするように七カ月余りかけて洋行した。二〇世紀初頭のヨーロッパの物質文明を目の当たりにして帰朝したが、報告はもっぱら精神的なものだった。

「……わが国が文明国と伍するようになったのは喜ばしい限りであるが、社会の現状を見るとお寒い限りである。封建時代の秩序は打破されたが新たな体系はまだできていない。……わが国は、責任を重んずることにおいて、規律を正すことにおいて、礼儀を尊ぶことにおいて、西欧と比べあまりに遺憾とすべきことが多い。……先進国と伍するには社会変革が前提であり……自らを省みることからはじまる……」

熱血彌太郎とは違う、いかにも智将彌之助らしい人間の本質に関わるスピーチであり、根底にあるのは義を尊ぶ武士道の精神である。

彌太郎もそうだったが、彌之助は子どもたちの教育には心をくだいた。本家同様、分家も学寮を建てた。長男の小彌太と次男の俊彌《としや》は中学に入ると駿河台の本邸から出され、優秀な学生とともにその学寮に住まわされた。厳しい先輩のもとで質素剛健を旨とした規律ある生活をし、休みの日のみ本邸に帰宅することが許された。二人は青春真っ只中。そういう生活をエンジョイしていた。山歩きや狩猟、海水浴、あるいはボート、テニスに忙しかった。

彌之助は多趣味の人だった。東洋文化に格別の愛情を持ち、美術品や和漢の古典籍収集はもとより、建築、造園、園芸などなど、趣味は数えればきりがない。彌之助の収集品を収めた静嘉堂《せいかどう》文庫は、大正一三（一九二四）年に小彌太によって世田谷の現在地に移設され、戦後「曜変天目茶碗」など小彌太の収集品が加わった。昭和一五（一九四〇）年に財団法人になり、研究者や一般に開放されている。現在、国宝七点、重要文化財八二点をふくむ約六五〇〇点を収蔵している。

書画や茶道具に関する逸話はほかの機会に譲るが、刀剣についていえば、趣味というより廃刀令で不要になった日本刀が二束三文で欧米に流失するのを憂えて買い集めたものである。やがて彌之助は刀剣の持つ精神的なものに惹かれ、目も利くようになり、購入を選別するようになった。

和漢の古典籍についてもふれておこう。彌之助は漢学を土佐の致道館で学んだのち大阪に出て重野安繹に師事した。その後アメリカに渡り帰国してビジネスの世界に飛び込んだ彌之助は、とくに漢学の素養があったというわけではない。しかし、恩師の重野が修史局編修長として国史を編纂することになってからは、私財を投入して漢籍収集に協力する。今日、静嘉堂に大切に所蔵されている古典籍は約二〇万冊。その中で、清国の蔵書家・陸心源《りくしんげん》から購入した図書四万五〇〇〇冊は、中国の古典研究に欠かせない存在という。

「何の不平もなし」

彌之助の縁談はアメリカ留学直前にまとまった。相手は後藤象二郎の長女・早苗である。横浜のフランス人の家庭に寄宿して英語やフランス語を学び、乗馬もこなすバリバリの先進的な女性。アメリカに押しかけるつもりだったが、さしあたりは勉強に集中したいという彌之助の意向で実現しなかった。彌之助が帰国し、三菱が東京に進出した明治七（一八七四）年の秋、二人は結婚した。

彌之助夫妻は遙かに東京湾が見渡せる駿河台東紅梅町の高台に住んだ。現在の御茶ノ水駅の近く、ニコライ堂の道を隔てた東隣りである。もとは後藤象二郎の家で、モダンな洋館だった。夫妻の三男一女はその洋館で生まれ育った。長男の小彌太はケンブリッジ大学を卒業後、久彌社長のもとで三菱の副社長になり、のちに四代目社長になった。大正から昭和、そして戦時下の三菱を二八年にわたって率いた。次男の俊彌はロンドン大学で応用化学を学び、帰国して旭硝子を創始した。長女の繁子は松方正義蔵相の次男と結婚、三男の輝彌《てるや》は畜産の専門家となり都下で農園を経営した。

彌之助は早くから高輪の高台に土地を購入していた。伊藤博文の屋敷跡で、眼下に海が広がっていた。のちに買い増した分もふくめて一万九〇〇〇坪。明治の富豪や華族は競って洋館を建てたが、彌之助も明治三六(一九〇三)年になってまず駿河台から日本家屋を移築、併行してジョサイア・コンドル設計の煉瓦造り石貼りの二階建て洋館の建設に着手した。明治四〇(一九〇七)年、彌之助夫妻は駿河台から高輪の日本家屋に移った。洋館はまだ建築中だが悠々自適の生活。広い庭園の木や花をいじり、盆栽を愛でる。そうだ、たまには温泉にも行こう。

しかし、このころから彌之助は体調を崩し、大磯や箱根の別邸に静養することが多くなった。やがて東大病院に入院する。上顎骨癌腫《じょうがくこつがんしゅ》と診断され、秋口にはX線で癌腫を焼き切る治療を受けた。食事もとれず口もきけない辛い闘病生活になったが、彌之助はすべてを医者にゆだね弱音をはくことは決してなかった。だが、懸命の治療の甲斐もなく、明治四一(一九〇八)年の春、ついに帰らぬ人となった。

「苦しくありませんか」

との医師の問いに筆談で答えた、

「何の不平もなし」

が絶筆になった。

高輪の壮大な洋館はその年の一二月に完成した。しかし、彌之助が住むことはなかった。小彌太夫妻が一時移り住むが数年で駿河台に戻っている。

洋館は永らく岩崎家と三菱の迎賓館として使われ、昭和一三（一九三八）年に三菱合資会社に譲渡された。「開東閣《かいとうかく》」の名はその際に小彌太社長によってつけられた。

昭和二〇（一九四五）年の空襲で日本家屋は灰燼《かいじん》に帰したが洋館は内部焼失にとどまった。昭和三九（一九六四）年に修復され三菱グループのゲストハウスとして復活した。さらにその後築九〇年のリニューアルがなされ、高い芸術性と豪華な雰囲気の中に今日も賓客を迎えている。

開東閣

事業の多角化は、海に風あり、山に霧あり、決して容易なことではなかった。されど、彌之助は敗けなかった。あらゆる困難をひとつひとつ克服し、今日の三菱の基礎を築いた。

岩崎彌之助。享年五七。世田谷の静嘉堂のかたわらにあるジョサイア・コンドル設計の廟に眠る。

岩崎久彌物語

岩崎四代の中の三代目

明治三（一八七〇）年から昭和二〇（一九四五）年にいたる七五年間の岩崎三菱の四代は、パッケージで捉えるべきである。

初代彌太郎は幕末・維新の社会変革の中で事業を興してがむしゃらに三菱の礎を築き、二代目彌之助は順調に発展する明治経済の中で柔軟に対応しながら三菱の多角化を図った。

三代目久彌は明治から大正にかけての日清・日露の戦争や第一次大戦という時代を背景に、社会に受け容れられる三菱の姿を定着させた。四代目小彌太は大正・昭和の日本の発展と厳しい国際環境の中で、国あっての三菱という原則を社会に示し続け期待に応えた。

三菱はその時代に合った個性が総帥を務め、正々堂々の経営姿勢で、発展してきたといえる。

これからは三代目久彌の物語である。初代彌太郎のもとに生まれ、わが国の近代化の中で九〇年の長きを生き、四代目小彌太をも看取った。大きな歴史の流れの中で、久彌は何を考え、何をしたのか……。

ゴッドマザー美和の教え

若き血をたぎらせていた岩崎彌太郎が、時いたらずと帰農して、安芸川の河原の開墾に明け暮れる雌伏の日々に長男・久彌が生まれた。土佐、井ノ口村。明治維新の三年前である。

岩崎家の家風に大きな影響を与えたのは彌太郎の母・美和である。町医者の娘だったが、のんだくれで反骨の元郷士・岩崎彌次郎に嫁いだ。貧窮の中で彌太郎を産み、育て、人の道をしっかり教えた。美和の方針は彌太郎の嫁・喜勢を通じて、かわいい孫の久彌の教育に引き継がれた。

彌太郎は土佐藩に再び登用され、長崎で藩の武器購入などに携わったが、時代は激しく動き、やがて大政奉還、明治維新。舞台は大阪に移った。海運会社「三菱商会」を旗揚げした父のもとに家族が合流したのは、久彌八歳のときだった。高知から船で着き、西長堀の新居に行くと、まだ前の住人が荷物をまとめきれないでいた。父の会社の若い衆がテキパキと荷物を運び込み、結果として弱者を追い出すような形になった。この光景を久彌少年は心の痛みとして生涯忘れなかった。

翌年、彌太郎は東京に進出、家族も移ることになり、陸路東海道を行くことにした。川船や馬、人力車などを使いながらも基本は徒歩で、ようやく一二日目に東京入りした。久彌は実によく歩いた。美和は「この孫はものになる」と思った。

久彌は親元を離れ、下宿した。のちに三菱の幹部になった親戚の豊川良平らの指導のもとに福沢諭吉の慶應義塾に通った。三年後、彌太郎が開設した三菱商業学校に転じ、英語や簿記のほか世界史、経済、法律などを英文の教科書を使って学んだ。

このころ、日本の将来を担う多くの若者がアメリカやイギリスに留学した。久彌も、彌太郎の後に三菱を継いだ叔父・彌之助の指示で明治一九（一八八六）年、アメリカに渡った。一般の学生と同じようにフィラデルフィアの安下宿に入り、まずは英語を勉強、ペンシルヴァニア大学のウォートン・スクールに進んで主に財政学を学んだ。日本とは違う自由な学生生活を満喫した。

のちに外交官になり駐日公使も務めたロバート・グリスコムとはとくに交友を深め、卒業にあたって一緒にヨーロッパを旅行した。大西洋航路では、当然のようにグリスコムは上等船室、久彌は船底の下等船室だった。旅も終わりに近づき、ペテルブルグの毛皮店で久彌は日本へのお土産を求めた。明治の富豪の御曹司に餞別をくれた人は多かったのであろう。久彌が高価な毛皮を大量に発注するのを目にしたグリスコムは心底から仰天した。のちに述懐している。

「カーネギーとロックフェラーを併せたような偉大な地位につく男とは、そのときまでこれっぽっちも思わなかった」

久彌はフィラデルフィアでは極めて普通の学生だったのだ。

岩崎家のゴッドマザー美和が書き残した訓戒に、

「富貴になりたりといえども貧しきときの心を失うべからず」

との一行がある。原点を忘れるな。岩崎四代の心の底にある戒めである。久彌は彌之助の跡を継ぎ成長期の一大企業集団を統率したが、若いころから決して奢らず、他者への配慮を忘れない経営者だった。

井ノ口村を忘れず、美和の教えを最も色濃く受け継いだのは三代目久彌だったといえる。

ワンマン経営からの脱皮

ＩＴ（情報技術）をいかに駆使するか、管理職には頭の痛い毎日だが、それはともかく、日本で初めての電話交換所が東京の麹町辰ノ口にできたのは、久彌がアメリカ留学中の明治二三（一八九〇）年だった。このときの加入者がわずか一五五名でしかなかったのは、当時猛威をふるっていたコレラが電話線からも侵入すると噂されたせいかもしれない。

さて、明治二四（一八九一）年、久彌は五年間のフィラデルフィアでの留学を終え帰国した。

アメリカは石炭、石油、鉄鋼などを中心に産業界が発展し、カーネギーやロックフェラー、モルガンといった大資本家が次々に誕生した時代だった。一方、日本も帝国大学の創設、大日本帝国憲法の発布、第一回帝国議会の開会など、近代国家としての歩みを着実に進めていた。

明治二六（一八九三）年には商法が整備され、三菱社も合資会社に改組することになった。これを機に久彌は彌之助からトップを引き継ぎ、二八歳の若さで三菱合資会社の社長に就任した。

久彌が社長を務めた明治から大正にかけての二〇余年は、日清・日露の戦争を間にはさんだ、日本の近代産業の勃興と発展の時期だった。久彌は幹部たちの意見に耳を傾け、彌之助によって進められた事業の多角化を、ひとつひとつ確実なものにしていった。

収益の大半をあげた鉱業部門では筑豊や北海道の炭坑のほか各地の金属鉱山の買収を進め、大阪の精煉所も傘下に収めた。石炭や銅の生産は伸び、国内販売はもとより輸出攻勢がかけられた。

岩崎久彌

成長部門の造船は、長崎造船所に巨費を投じて近代化を図り、神戸と下関にも造船所を建設した。丸の内にオフィス街を建設して不動産業にも乗り出し、銀行や商事部門も業績を伸張させた。また、化学工業の端緒になるコークス製造や朝鮮北部での製鉄を手がけ、麒麟麦酒などの起業にも参画した。

明治四一（一九〇八）年、久彌は事業の拡大と厳しい経営環境を睨んで、現場にコストマインドを徹底させるため、一定の資本枠を与えるなど各部への権限の移譲を断行した。銀行部、造船部、庶務部、鉱山部、営業部、炭坑部……。最終的に合資会社は地所部を加え八部体制となった。

これは今日にいう事業部制の走りで、「個々の事業はそれぞれの専門家に責任を持ってマネージさせる」という久彌の意志の表われである。彌太郎以来の「……会社に関する一切の事……すべて社長の特裁を仰ぐべし」（「三菱汽船会社規則」第一条）というワンマンカンパニー的経営体質から近代的マネージメント・システムへの脱皮だった。

これは岩崎四代による七五年の経営の、「起承転結」の「転」の部分であり、「組織の三菱」への分岐点だったともいえる。

大正五（一九一六）年、第一次大戦の好景気の中で、久彌は信頼する従弟の小彌太に社長の座を譲った。それからは、相談に乗ることはあっても、経営に口をはさむことはなかった。

久彌は茅町本邸の日本家屋部分に住み、家族との生活を大切にした。生涯を通じて謹厳その

もので、妻の寧子《しづこ》は娘たちに、

「私の一番の幸せはおとうさまが家庭を清潔に保って下さったこと」

とよく語ったという。近代人であり、教養人であり、「三菱紳士」の呼び名がぴったりの人だった。

久彌を支えた人たち

「人の話を……丁寧に相槌を打ちながら、良く聞いてくれた。……その話の間に人を見抜き事業の将来性も見極めていた……」

永らく久彌に仕え銀行の会長も務めた加藤武男は、久彌の人物像を聞かれてこう語っている。実際、久彌は若いころから聞き上手だった。まず相手の話をじっくり聞き、信頼できるとなると、方向性は確認するが各論はまかせた。人を信頼し人に信頼されるという、人の上に立つ者に必要な資質を持っていた。

彌之助が、彌太郎の遺言とはいえ、まだ二八歳の久彌に三菱の総帥を譲り得たのは、自分をふくめ彌太郎以来の幹部が脇を固めていたからである。郵船の近藤廉平、東京海上火災の末延道成、鉱業の南部球吾、営業の瓜生震《うりゅうしん》。いずれも久彌が信頼し久彌を信頼した人たちである。ここでは性格的にもおよそ対照的な管事二人、荘田平五郎と豊川良平の人となりを見よう。

慶應義塾の福沢諭吉の教え子、荘田平五郎は豊後臼杵《うすき》藩士のもとに生まれた。久彌よりも一八歳年長で、慶應義塾卒業後、いったんは母校の教師になったが三菱に入社、「会社規則」を制定し複式簿記を採用するなど、近代的会社経営の基礎づくりをした。

明治一四（一八八一）年に経営危機の高島炭坑を彌太郎が後藤象二郎から買い取ったが、これは後藤が借金漬けで政治生命を失うことを危惧した福沢諭吉が仕組んだもので、そのとき荘田は恩師・福沢とボス・彌太郎の中継ぎをしている。

冷静緻密。岩崎家の代理人として、日本郵船ほか多数の企業の創立に参画、東京海上、明治生命などの会長も務めた。

荘田は久彌体制では管事として重きをなし、五〇歳のとき長崎造船所の支配人として赴任、三菱の主力産業に成長しつつある造船の近代化に取り組んだ。ことに建造船舶ごとに労務費や材料費など製造原価を把握するとともに、減価償却の概念を導入したことは、長崎造船所の競争力を高め、造船王国三菱の基礎を固めた。田鶴《たづ》夫人は彌太郎の妹・佐幾《さき》の娘、すなわち久彌の従姉である。

一方、豊川良平は彌太郎の従弟でやはり慶應義塾の卒業生。幼名を小野春彌《はるや》といったが、豊臣秀吉の豊と徳川家康の川、漢王朝の智将・張良の良と陳平の平をとって改名した。彌太郎が作った三菱商業学校や明治義塾の運営に関わった。一三歳年少の久彌が慶應義塾と三菱商業学校に学んでいたときは一緒に下宿し公私にわたり指導した。豪放磊落《らいらく》で、明治義塾の英語の授業ではひどい土佐訛りをものともせず、おまけに「knife」を「クナイフ」、「know」を「クノー」と発音して動じず、生徒たちからは「クノー先生」と慕われた。

その後、政治を志し犬養毅と『東海経済新報』を出版したりしたが、三七歳のとき三菱の経営陣に加わり第百十九国立銀行の頭取になった。同銀行はやがて合資会社の銀行部になり、豊川が部長についたが、細かいことは三村君平、串田万蔵らプロにまかせ、自らはもっぱら政財界に人の輪を広げて久彌社長を大いに助けた。

ちなみに、豊川の長男の順彌《じゅんや》は三菱には入らず、大正九（一九二〇）年、白楊社を設立、純国産乗用車の設計・製造に豊川が残した全財産をつぎ込んだ。知る人ぞ知る『オートモ号』。わが国最初の量産乗用車であり、輸出第一号車だった。

丸の内オフィス街の建設

久彌がアメリカ留学を終えて三菱社の副社長になる前年、彌之助は丸の内の兵営跡地など一〇万余坪を陸軍省から購入した。明治二三（一八九〇）年のことである。この土地払下げは、前に述べたように財源に苦しむ政府が、麻布に新兵舎を建設するための費用を捻出しようとしたもので、政府の希望価格は相場の数倍だった。当然買い手がつかない。困り果てた松方正義蔵相が自ら彌之助を訪ねてきて、政府を救うと思って買い取るよう懇請した。

国家に尽くすことは三菱の社是である。彌之助は苦慮した末に、高値購入を決断した。契約名義は「岩崎久彌総理代人岩崎彌之助」（のちに商法が整備されてから三菱合資会社が買い取った）。代金は一二八万円。当時の東京市の予算の三倍というから大変な買物だった。

実は、彌之助のこの決断の裏にはイギリスに出張中だった管事・荘田平五郎の「スミヤカニカイトラルベシ」の電報があった。荘田は、ロンドンをイメージした丸の内ビジネス街の青写真を頭の中に描いて帰国した。

東海道線はまだ新橋までで、丸の内はまことに不便な地域だった。唯一、日比谷——大手町間に路面電車が走っていた。少し時代が下るが、丸の内について岡本かの子（歌人、小説家）が書いている。

「私が子供だったころの丸の内は、三菱ヶ原と呼ばれて、八万坪余は草茫々の原野だった。……武家屋敷の跡らしく変わった形をした築山がいくつかあった……」

ちなみに、東京駅が完成し丸の内が交通の要所になったのは、ずっと後の大正三（一九一四）年である。

明治二六（一八九三）年に、久彌が三菱合資会社の社長に就任。翌年、ジョサイア・コンドル設計による記念すべき三菱一号館が竣工した。赤煉瓦造りの三階建て。三菱合資会社ほか二社が入った。以後、三菱二号館が現在の明治生命館の位置に、三菱三号館が馬場先通りをはさんで新東京ビルの位置にできた。四番目は東商ビルの位置の東京商業会議所だった。ロンドンを彷彿とさせる街並みはやがて「一丁倫敦」（一丁は約一〇〇メートル）と呼ばれる。

かくして日本初の本格的オフィス街が丸の内にできていくのだが、初期のビルの内部は棟割りにして設計され、各事務所ごとに独立した玄関、階段、トイレを持つ縦割り長屋方式だった。大正三（一九一四）年竣工の三菱二一号館で、初めて現在のように玄関、エレベーター、トイレその他ユーティリティーを共有する方式となり、テナントも多数を集める賃貸ビルになった。

ちなみに、煉瓦造りではない現在のようなアメリカ型のビルは、大正七（一九一八）年の東京海上ビルが嚆矢《こうし》である。丸ビルは同一二年だった。

明治四一（一九〇八）年、久彌が三菱に今日の事業部制を採用したことは先に述べたが、桐島像一を部長として地所部ができたのは少し遅れて明治四四（一九一一）年だった。ようやく不動産業が独立した事業として認められたのだった。

久彌の社長在任期間はまさに赤煉瓦三階建ての「丸の内オフィス街」建設の時期でもあった。その赤煉瓦ビル街は戦後の高度経済成長期に姿を消した。効率一辺倒の高層ビルに取って代わられ、さらに高級ブティックなど商業施設が仲通りに軒を並べ、街の雰囲気は一変した。「久彌やコンドルが見たらどう言うだろうか」と空想していたら、三菱地所の大英断で、平成二一（二〇〇九）年、三菱一号館が昔の場所に昔の姿で復活した。銀杏《いちょう》並木に映える二一世紀の美術館として生まれ変わっての再デビューである。

造船幹部を諌めた久彌

時は明治から大正にかけて。殖産興業、産業革命。そして重工業形成の時期。三菱は、久彌社長の時代である。当時の三菱の二本柱である鉱業と造船事業において、それぞれ画期的なことがあった。

まず鉱業。明治六（一八七三）年、政府は鉱物資源を国家に属するもの、と規定した。諸藩経営の有力鉱山は官営となり、近代化のために膨大な国家資金が注ぎ込まれた。だが、インフレと不景気の波状攻撃に苦しむ政府は、西南戦争時の不換紙幣を整理して財政の健全化を図るため、鉱山の民間払下げに踏みきった。

三菱は、明治一四（一八八一）年の高島炭坑を手はじめに、長崎の端島、筑豊の新入、鯰田、上山田、方城、唐津の相知《おうち》、芳谷《よしのたに》、北海道の芦別《あしべつ》、美唄《びばい》、大夕張などを次々に買収。金属鉱山も吉岡に加え、尾去沢（秋田）、槙峰（宮崎）、面谷（福井）、荒川（秋田）などを取得した。

金属鉱山払下げのハイライトが、古来わが国一の銀山として有名な生野鉱山と、徳川幕府を潤した佐渡の金山だった。いずれも明治に入って技術革新が行なわれ、模範鉱山になっていた。その二鉱山に、最新の設備を誇る大阪精煉所を加えての一括入札。帝室御料財産として宮内省が管轄していたため最後まで官営で残っていたのだ。

民間払下げの総決算。これを三菱が落札し、住友や古河を切歯扼腕させた。明治二九（一八九六）年、久彌のリーダーシップによる快挙である。

彌太郎以来の懸案である海から陸への事業展開が大きく広がった。

一方、造船事業では、先に述べた長崎造船所の『常陸丸』建造が、この時期のエポックメイキングな出来事だろう。

明治二八（一八九五）年の暮れ、日本郵船では欧州航路開設のため六〇〇〇トン級貨客船を六隻造ることが決定された。そのうち一隻は長崎造船所に発注された。当時はこの規模の船舶はイギリスでしか造れず、長崎造船所の実績はせいぜい二〇〇〇トン級までだった。このため建造にあたってはイギリスのロイド協会の技師が長崎に派遣され、異常なまでの厳しい品質検査を実施した。工期は遅れに遅れた。このとき対策の陣頭指揮をとったのが、管事で造船所支配人の荘田平五郎だった。日本の技術レベルに対する不信感から出発したこの検査は、やがてロイドも常軌を逸したものと認めた。後任が派遣されて検査承認が下り、引き渡しは完了した。

三菱はこの『常陸丸』建造により膨大な損失を出したが、六〇〇〇トン級汽船の建造実績ができた。それは、やがてアメリカ航路の『天洋丸』など一万三〇〇〇トン級豪華客船三隻の受注に結びつき、さらには大型軍艦の建造をまかされ、造船王国といわれるまでの飛躍的発展の基になった。

日露戦争の後、造船業界を二分していた川崎造船所の経営が行きづまり、救済合併の打診があった。ライバルがわが軍門に降るのだ。造船部の幹部は天下を取ったような気分で、三菱一号館の社長室に急いだ。

ところが話を聞いた久彌社長は、

「それはいけません。合併して競争がなくなってしまうとどうしても気がゆるみます。それでは日本の造船界は発展しません。あくまでも両社が競争して安くて立派な船を造ること、それがお国のためというものです」

と、意気込む造船部幹部を諌めた。自由競争を旨とした久彌らしいエピソードである。

茅町本邸物語

「無縁坂の南側は岩崎の邸であったが、まだ今のような巍々《ぎぎ》たる土塀で囲ってはなかった。きたない石垣が築いてあって、苔蒸した石と石の間から、歯朶《しだ》や杉菜が覗いていた」

茅町本邸をこう描写しているのは森鴎外の小説『雁』。明治一三（一八八〇）年の話である。無縁坂の北側には主人公であるお玉さんがひっそりと住んでいた。そのあたりは開発され、現在はマンションになっている。

茅町本邸はもとは高田藩榊原家の江戸屋敷。明治一一（一八七八）年に彌太郎が元舞鶴藩知事の牧野弼成から購入した。のちに周辺の土地を買い増し、ピーク時には一万五〇〇〇坪余りになった。東京大学や不忍池、湯島天神などが近く、便利で閑静な地域である。

久彌の代になってジョサイア・コンドルの設計により、二階建ての洋館が建てられた。明治二九（一八九六）年である。久彌は結婚して駒込の六義園の屋敷にいたが、完成を待って移り住んだ。

イギリス一七世紀初頭のジャコビアン様式を基調にした傑作。久彌が留学していたペンシルヴァニアのカントリーハウスのイメージも採り入れた、木造の建物である。現在は、明治の代表的洋館建築として、古い煉瓦塀や広い芝生の庭園とともに国の重要文化財に指定されている。

洋館は接客もするパブリックスペース。東のはずれに久彌の書斎があった。天井の高い広い部屋で、中央に革のソファーがあり、周囲の本箱には洋書がびっしり詰まっていた。ここにはよく三菱の幹部が来て打ち合わせをした。戦争の末期には小彌太社長と夜遅くまで話し込んだ。

隣接する日本家屋の部屋数は一四。身内の会合や宴会は二〇畳と一八畳をぶち抜いた広間で行なわれた。子どもたちはこの広間や芝生の庭で遊び、長じてはテニスコートや馬場で汗を流した。学齢期に達した男の子は、独立心を養うために敷地の外に住まわされ、書生の指導のもとで規律ある生活をした。

茅町本邸の近隣の古い人たちは今でも岩崎家のことを懐かしむ。久彌ファミリーがよく気を遺った名残りである。湯島天神の祭りには庭を開放して神輿《みこし》を迎え入れ、祝儀をはずんだ。関東大震災や東京空襲の際には率先して被災者を受け入れ炊き出しもした。焼夷弾が屋敷の近くに落ちたとき、孫の寛彌は八〇歳の久彌を防空壕に導こうとして怒鳴られた。

「みんなが火を消そうとしているときに、防空壕になんか入っていられるか！」

敗戦後、茅町本邸は占領軍に接収され、家族は日本家屋の一角に押しやられた。そして、昭和二三（一九四八）年の秋には成田の末広農場に移ることになった。

いよいよわが家を離れるとき、久彌は少年の日の、心の痛みを思い出した。明治六（一八七三）年に一家が高知から大阪に着いたとき、新居である屋敷に前の住人が荷物をまとめきれないでいた。結果として追い出す形になったことを久彌は忘れないでいた。今は自分が荷物をまとめて出て行く。

「あのときと逆になったなあ……」

五〇年住んだこの屋敷はその後、国の所有になった。敷地が切り売りされたり日本家屋の部分に司法研修所のビルが建てられたりしたが、幸い、洋館と大広間部分は当時のままに残った。現在は東京都の管理のもとに「旧岩崎邸庭園」として一般に公開している。

今は役目を終えた事業

今はもうないが、かつて久彌が情熱を注ぎ、その時代に役割を果たした事業をいくつか見てみよう。

日本最初の鉄道が開通し、洋服にぞうり、羽織はかまに靴といった文明開化ファッションで、陸蒸気《おかじょうき》見たさに新橋や横浜の停車場に人々が殺到したのは明治五（一八七二）年。欧米視察から戻ってきた大久保利通は言った。

「鉄道なしでわが国の繁栄はありえない」

鉄道建設は国造りの急務として、まず東海道線が国によって着工された。

海運の覇者三菱も各地の私営鉄道の建設に積極的に参画。明治一四（一八八一）年、日本鉄道会社が彌之助ほかの出資で設立され、上野――青森間全長七三〇キロの鉄道建設がはじまった。今の東北本線である。開通は同二四年。東海道線の全通に遅れること二年だった。

荘田平五郎と末延道成を役員に送り込んだ山陽鉄道は明治三四（一九〇一）年に五三〇キロが全通した。現在の鹿児島本線、長崎本線にあたる九州鉄道には、瓜生震が発起人総代として参加した。その他、筑豊鉄道、北越鉄道など数々の私営鉄道事業に出資し、三菱の幹部が久彌の名代で経営に参画した。

しかし、明治三九（一九〇六）年、多くの反対にもかかわらず鉄道国有法が施行された。民営鉄道は国に移管することとなり、三菱の鉄道事業も明治とともに終わった。

話は変わって明治二〇（一八八七）年、主食である米を会社組織で作る事業が試みられた。新潟県の広大な地域で、小作人数千人を擁した。種子や肥料や農具の貸し付けから農業教育まで至れり尽くせりの組織対応で、明治後期には期待した成果をあげるところまで来た。だが、全国の農村の荒廃は深刻で、あちこちで小作争議が勃発する。会社組織による米作は社会の流れと合わなくなり、やむなく撤退。大正末から、農地を順次小作人に譲っていった。

農牧にひときわ思い入れのある久彌は、海外での農場経営も手がけた。とくに朝鮮半島においては明治四〇（一九〇七）年に東山《とうざん》農場を開設、ピーク時には小作人三〇〇〇人規模で朝鮮米の改良と増産に成果をあげた。これは模範農場とまでいわれ長く続いた。が、昭和二〇（一九四五）年、終戦とともに終わった。

今流行りのＩＰＰ（民間発電事業）ともいうべき事業にも久彌は情熱を注いだ。東京電燈会社への売電を目的として、猪苗代水力電気株式会社を明治四四（一九一一）年に設立、全体設計を三菱神戸造船所電機工場のエンジニアが担当した。水車はスウェーデン製、発電機はイギ

リス製、変電設備はアメリカ製。当初は発電規模があまりにも大きくて東京市だけでは消費しきれないとの議論もあった。久彌は、

「こういうことは将来を見越して、思いきってやるものです」

と、エンジニアたちの計画を支持した。果たして大正四（一九一五）年の送電開始の際は、東京も予想以上に発展し電力需要も激増していたため、ただちに増設工事に着手せざるを得なくなっていた。

この成功に触発されて大送電事業が日本各地で勃興したが、猪苗代水力電気は大正一二（一九二三）年、東京電燈と合併することになり、三菱は電力事業から撤退したのだった。

このほか、彌太郎がはじめた東京の小石川、白山、本郷方面への水道事業も忘れてはならない。明治四一（一九〇八）年に久彌がすべてを東京市に寄付して、事業は終了した。

神戸の紙と横浜のビール

久彌が三菱合資会社の社長として事業を統轄し、鉱業や造船を中心に幅広く発展させたのは明治から大正にかけて。それは近代国家確立の時期でもあった。では、その久彌が個人的な関

心を持ち、ことのほか心をくだいた二つの事業を見てみよう。「神戸の紙」と「横浜のビール」である。

彌太郎が開成館長崎出張所（長崎・土佐商会）の主任として武器買い付けや土佐の物産の売り込みに忙しかったころの取引先の一つに、ウォルシュ兄弟の商社があった。明治になり貿易の中心は神戸や横浜に移ったが、付き合いは続いた。明治五（一八七二）年に彌太郎の弟・彌之助のアメリカ留学のお膳立てをしたのは弟のジョンである。

そのウォルシュ兄弟が神戸で経営していた製紙工場に岩崎家が出資したのは明治二二（一八八九）年。当時は木綿や麻のボロあるいは藁屑から紙を作った。明治三〇（一八九七）年にジョンが病死し、すでに高齢だった兄のトマスは事業を整理してアメリカに帰ることになった。久彌は兄弟の持ち分を買い取り、合資会社神戸製紙所を設立。明治三七（一九〇四）年には三菱製紙所となり、東京に中川工場を新設、中国の上海にも進出した。

製紙事業は当初、三菱合資会社の傘下にあったが、久彌が社長を退いてからは岩崎本家の事業として位置づけられ、久彌自身が末永く経営に関わった。土佐は昔から和紙の生産が盛んだった。久彌が長じて洋紙製造に関わったのも何かの因縁かもしれない。

大正六（一九一七）年、三菱製紙株式会社に改組、京都工場、浪速工場などを買収していった。かくしてボロパルプからはじまった製紙事業は発展を遂げ、中でも上質アート紙や写真印画紙など高級紙の分野では他の追随を許さない存在になった。

一方、横浜。明治の初めからスプリング・ヴァレー・ブルワリー社がビールを造っていた。これを横浜在住の外国人たちが岩崎彌之助や渋沢栄一ら財界人の出資も得て買収し、ジャパン・ブルワリー社とした。当時、ビールは日本人にはあまり普及していなかったが、総合代理店である明治屋は明治二一（一八八八）年に「キリン」のラベルで一般向けに売り出した。ちなみに、当時はビールのラベルには犬やライオンなどの動物を使うのが世界的に流行っていた。

新聞広告（東京日日新聞）

明治屋は、岩崎彌之助から資金援助をしてもらってロンドンに学んだ磯野計《はかる》が設立した。横浜に立ち寄る船舶に食料品や雑貨を納入することをメインビジネスにしていたが、酒類の輸入販売業者でもあった。二代目社長の米井源次郎はジャパン・ブルワリー社の買収を計画し、中国視察に赴く久彌を追いかけて、上海航路の船上で直談判、全面支援の約束を取り付けた。

明治四〇（一九〇七）年、明治屋と岩崎家に日本郵船も加わり「麒麟麦酒株式会社」が設立され、買収は実現した。工場は当初横浜の天沼にあったが、関東大震災で壊滅し鶴見に新工場を設立した。のち尼崎、仙台、広島のほか、朝鮮半島や満州にも事業展開していった。ビール壜の形のボディーの宣伝カーを走らせ、世間の話題をさらった。

その後、業界は熾烈なシェア争いと合従連衡を繰り返すことになった。久彌は一貫して麒麟麦酒を支えたが、製紙の場合と違って経営に直接関与することはなかった。

社会のために

久彌が五〇歳のとき、三六歳の従弟・小彌太に三菱合資会社の社長を譲った。交替劇は世間には唐突に映った。大正五（一九一六）年、第一次大戦の好況のさなか、事業は順調でさらなる飛躍が期待されていた。久彌社長、小彌太副社長のコンビでの理想的なコーポレート・ガバナンスと見られていた。交替の必要性は誰にも感じられなかった。

しかし、そこが久彌である。こういうときだからこそ後継者にゆだねる。無私恬淡《てんたん》。誰にも相談せずに決断した。以後、自分が選んだ小彌太社長を信頼し、三菱合資会社の経営に口をはさむことはなかった。

社長時代、事業の社会性とか公正な競争に心をくだいた久彌だったが、引退後も農牧事業を楽しむかたわら、社会への貢献に気を配った。その最たるものが東洋文庫の設立であり、清澄庭園、六義園の東京市への寄付であろう。いずれも久彌が愛してやまなかったものである。

東洋文庫。世界の五指に入る東洋学研究センター。所蔵する文献九五万冊は、久彌の蔵書三万八〇〇〇冊に加え、中華民国総統顧問のG・E・モリソンの蔵書が母体になっている。彼は元ロンドンタイムズの北京特派員で、日露戦争をヨーロッパに報道し続けたことで有名になり、そのまま中国に居着いた。集めた文献二万四〇〇〇冊、地図一〇〇〇枚。中国を去るにあたり、散逸を避けるため、漢籍も洋書もわかる学者か機関に一括して譲りたがった。ハーバードやエール大学が興味を示したが、久彌が大正六（一九一七）年、言い値で譲り受けた。

久彌は欧文書籍中心のモリソン文庫を補強すべく和漢の文献の収集に尽力、対象もアジア全域に拡大していった。文庫が丸の内の赤煉瓦のビルの中にあったころ、芥川龍之介なども利用している。大正一三（一九二四）年に財団法人東洋文庫設立。文京区駒込に書庫と研究棟を建設し、財団の維持基金も拠出。以来、東洋文庫は内外の学者の東洋研究の場となった。公開講演会である東洋学講座の開催は五〇〇回を超す。

江東区深川の清澄庭園は明治一一（一八七八）年に彌太郎が大名屋敷跡など約三万坪を買い

上げ、自ら指揮して日本庭園にしたもの。池のほとりにはジョサイア・コンドル設計の洋館があった。「深川親睦園」と命名し、社員クラブ兼ゲストハウスにしていた。しばしば各国、各界の要人を招いてガーデンパーティが催された。大正一二（一九二三）年、関東大震災。膨大な犠牲者を出した東京市の災害復興計画に防災緑地の確保が盛り込まれた。久彌は率先して深川親睦園を東京市に寄付した。ノーブレス・オブリージの精神とはいえあっさりしたものである。

一方、文京区駒込の六義園は、五代将軍綱吉に仕えた柳沢吉保の下屋敷だった。明治一一（一八七八）年、彌太郎が周辺の土地もふくめて買い取り、日本庭園として整備した。久彌は、新婚時代をこの三万余坪の六義園にある邸宅で過ごし、やがて茅町本邸が完成して移り住んだ。しかし、周囲が宅地化したこともあって次第にこの庭園を自分たちが占有していることを心苦しく思うようになった。昭和一三（一九三八）年、寄付を申し出る。東京市は記念式典を行ない、感謝状を贈ろうとしたが、久彌は固辞した。

久彌はスタンドプレーを嫌い、自然体を旨とした。「期するところは社会への貢献」という彌太郎以来の考え方は、三菱の精神として今日も各社に受け継がれている。

岩手山に雲がゆく

明治二四（一八九一）年、岩手県の不毛の火山灰地に、ヨーロッパ農法による本格的な農場の建設を夢見た男たちがいた。小野義真《ぎしん》日本鉄道副社長、岩崎彌之助三菱社社長、井上勝鉄道庁長官。三人の頭文字をとって小岩井農場と命名した。東京から鉄道が開通したばかり。ロマンあふれる事業だったが、寒い痩せた大地は思うようにならなかった。八年の苦闘の末に小野と井上は手を引く。

だが、彌之助はあきらめなかった。スギやアカマツ、カラマツが少しずつ育っていく。牧場では乳牛が増える。牛乳や醗酵バターの製造販売もささやかながら開始された。

彌之助の跡を継いだ久彌が、時間の多くを小岩井農場に費やすようになったのは明治三九（一九〇六）年である。それまでの牧畜にあきたらず、イギリスからサラブレッド種を輸入して種馬の改良と生産、競馬馬《けいばうま》の育成に力を注いだ。やがて小岩井産の駿馬がダービーを制覇する。ホルスタインの種牛を生産し、酪農製品の製造販売にも注力した。農作は燕麦《えんばく》、とうもろこし、じゃがいも、大豆など。地道な植林事業は、かつては見渡す限りの荒野だった大地を緑の森に変えた。

久彌は毎夏、家族とともに小岩井農場に滞在した。農場には岩手山を背にして「聴禽荘《ちょうきんそう》」と名づけた別邸があった。広く明るい芝生の庭にアカマツが生い茂り、遥かに南昌山《なんしょうざん》が見える。妻の寧子や娘たちは単調な農場の生活にすぐ飽きてしまうが、久彌はステッキを振りふり農場を歩き回る。家族が寝ているうちに起き出し、ニッカーボッカーにヘルメットという姿で馬の調教に立ち会ったり、最新のアメリカ製トラクターに同乗した。

農場には子弟のための小学校があった。久彌は子どもたちひとりひとりを覚えていた。毎年やってくると、ノートなどの土産を手渡しながら、成長した姿をわが事のように喜んだ。農場員には親子二代という者も多かった。現在は三代目もいる。

小岩井農場展示資料館の館長を務める野澤裕美氏は語る。

「茅町様の奥様はため息が出るくらいおきれいで、お上品で、お優しくて、それはもうすばらしい方で……と農場の女性たちに語り継がれています」

野澤氏も小岩井で生まれ小岩井で育った。

農場の秋の収穫祭には作物の品評会があった。一等は「茅町様」に届けられ食卓を彩るとあって大いに盛り上がった。茅町の久彌たちも小岩井から一等入選の作物が届くのを毎年楽しみにしていた。

晩年、久彌は千葉の成田に近い末広農場の別荘で過ごした。九〇歳の秋、病床に小岩井からりんごが届いた。

「もう……そんな季節に……なったか……」

障子を開けさせ、青い空を見て涙ぐんだ。土佐で生まれた久彌だったが、一世紀近くを生きた今、心に宿る小岩井の四季。岩手山に雲がゆく……。

久彌の夢見た海外での農牧事業はいずれも志半ばで挫折したが、ブラジルだけは、ファゼンダ・モンテ・デステ（ポルトガル語で「東山農場」）が、見果てぬ夢を紡ぐ。サンパウロの北西一二〇キロ。見渡す限りのコーヒー農園。岩崎透《とおる》が赤銅色《あかがねいろ》に焼けた笑顔で取り仕切る。

末広農場の日々

戦後、財閥解体に続き、財閥家族に過酷な財産税が課された。久彌は住み慣れた茅町本邸を出、成田近くの末広農場に移り住んだ。三菱の総帥を退いてからは、小岩井農場とともに最も多くの時間を過ごしたところで、亡き寧子夫人の思い出も多い。

ＧＨＱや日本政府の方針に言いたいことが山ほどあったであろう。しかし久彌はすべてを呑み込んで、淡々と日々を送った。大好きな馬や牛、鶏や豚もいる。農場員と動物談議を楽しみ、時にはお気に入りの馬に話かけた。

親子二代にわたり末広農場を手伝い、近くで自ら競馬馬の育成やリハビリをやっている出羽牧場代表取締役の出羽龍雄氏は言う。

「農地解放で、岩崎家は六ヘクタールだけを残してあとはすべて手放されました。その際久彌様は、農民たちに実にきめ細かくお心を配られた、と父から聞いております」

東京では第一生命のビルにGHQが置かれ、変革の嵐が吹き荒れていた。丸の内の半数のビルは接収された。三菱商事には解散命令が下り百数十社に細分化された。商号の使用を制限された三菱銀行は千代田銀行に、三菱信託は朝日信託銀行になった。三菱重工は東日本・中日本・西日本重工業の三社に分割された。三菱化成は戦時合併以前の三社に戻った。

町には失業者があふれ、戦災で親を失った浮浪児たちは駅の地下道に寝泊まりした。進駐した米兵と日本女性の間に多くの混血児が生まれ、その子たちの生きる場所がなかった。

そんな中で混血の孤児たちの救済に立ち上がった女性がいた。外交官・澤田廉三夫人の美喜《みき》。久彌の長女である。美喜はさまざまな困難と中傷の中を奔走し、大磯のかつての岩崎家別邸にエリザベス・サンダース・ホームを開設する。美喜の思いやりとひたむきさはまさに久彌譲りであった。挫折しそうになると美喜ははるばる末広農場に父を訪ね、アドバイスを求めた。久彌はすでに財政的な支援はできなくなっていたが、夜遅くまで相談に乗った。

美喜は多くの人々の善意に支えられ、二〇〇〇人近い混血孤児を育て上げた。成長した孤児たちは国内のみならず、七つの海を越え、アメリカやブラジルなどで立派な社会人になっているが、今でも亡き美喜を「ママちゃま」と呼んで慕っている。

朝鮮動乱をきっかけに日本経済は立ち直っていった。昭和二七（一九五二）年には対日講和条約が発効し、三菱の商号も使用制限が解除された。三菱商事は大合同を果たした。三菱各社は企業グループという新しい形で発展しはじめた。

生涯、久彌らしく、大上段に構えた訓辞は一切残さなかった。ただ、第一次大戦勃発で世間が投機ブームに沸いていたとき、浮き足立つ社員に与えた訓示がある。それはそのまま久彌の生きざまであり経営哲学だった。

「健全な国家を支えるのは国力であり、国力の充実は実業に依る。それゆえ実業に従事する者の責任は重い。……実業の根底にあるべきものは各人の高潔な人格と公正な行動だということを忘れてはならない……」

末広農場の自然の中で、遙かに三菱の再興を見守った晩年の久彌だったが、昭和三〇（一九五五）年の冬、静かに九〇年の生涯を終えた。奇しくも四代目社長・小彌太の命日だった。

岩崎小彌太物語

土佐生まれではない、土佐のいごっそう

三菱の源流は、明治三（一八七〇）年に大阪で発足した海運会社「九十九商会」にあることは何度も述べてきた。土佐藩の藩営事業を継承したもので、西長堀の藩邸に本社を置き、航路を全国に広げていった。創業者岩崎彌太郎は武士の末裔。将たる者が陣頭指揮をとる。それは戦国武将のスタイル。平和ボケの世の殿様ではない。彌太郎は、九十九商会のちに改め三菱の常に陣頭に立って指揮をとった。

三菱の采配は、彌太郎から彌之助、久彌、小彌太と、岩崎家の当主が引き継ぎ、海運から鉱業、重化学工業、金融、貿易とあらゆる産業に活動領域を広げた。創業から七〇年余。明治、大正、昭和という時代の流れの中で、三菱は日本の産業を担う大きな存在になっていた。

昭和二〇（一九四五）年の終戦直後、日本に進駐してきたGHQは、三菱、三井、住友など、財閥本社の自発的解散を迫った。このとき唯一抵抗したのが三菱の岩崎小彌太社長だった。

創業者から数えて四代目の小彌太は言った。

「……三菱は国家社会に対する不信行為はいまだかつてなした覚えはなく、また軍部官僚と組んで戦争を挑発したこともない。国策の命ずるところに従い、国民としてなすべき当然の義務

に全力を尽くしたのであって、顧みて恥ずべき何ものもない……」

三菱本社の自発的解散なんてことはありえない。それは株主への背信行為である。もし、どうしても解散しなければならないのなら、「解散せよ」とはっきり命令していただきたい、と言うのだ。まさに正論だが、GHQを相手にこんなことを言って得することは何一つない。しかし、言わざるを得なかった、それが土佐の血、土佐のいごっそうなのである。

創業者彌太郎から、二代目彌之助、三代目久彌までは、土佐の井ノ口村で生まれた。だが、四代目の小彌太は、土佐生まれではない。

小彌太は明治一二（一八七九）年、東京の神田駿河台で生まれた。ニコライ堂と道を隔てた東側にある屋敷で、遙かに東京湾が見える。母は後藤象二郎の長女・早苗だ。父・彌之助が義父から譲られたその屋敷はかつて「後藤の西洋館」ともいわれ、錦絵にも描かれた東京名所でもあった。

西南戦争の直後で、三菱は儲け過ぎと世間から批判されていたが、社業は隆盛を極めた。東京海上保険が設立され、翌明治一三（一八八〇）年には三菱為換店、千川水道会社も発足した。さらに次の年には高島炭坑の買収、明治生命保険の設立といった、三菱が多角化の布石を打っていった時代だった。

小彌太は祖母・美和にもことのほかかわいがられ、おっとりと育った。七歳のとき学習院予備科に入学した。四年生のときに御茶ノ水にある東京高等師範（現筑波大学）の小学校に転校した。岩崎家に出入りする三菱の幹部は土佐出身者が多かったが、「おぼっちゃま」は生粋の都会っ子だった。

だが、昭和二〇（一九四五）年、三菱の社長として二八年、小彌太はしっかり土佐人に先祖返りしていた。おぼっちゃまはいごっそうになって終戦を迎えたのだった。

最下層の武士の末裔なればこそ、理想主義、原理主義である。武士は義を旨とする。三菱を率いた岩崎家の歴代の当主は、「義」にこだわった。大義の義、忠義の義。正義の義、信義の義。この義ゆえに「国あっての三菱」「社会あっての三菱」という概念が形成され、三菱の判断基準になった。だからマッカーサーが何と言おうと小彌太は「顧みて恥ずべき何ものもない」と言いきったのだった。

岩崎学寮とケンブリッジ留学

後継者の育成は難しい。とくに「会社の体をなすといえども、その実まったく一家の事業にして……」（三菱汽船会社規則）というようなワンマンカンパニーでは難しい。「おぼっちゃま」を周囲の大人がちやほやして駄目にしてしまうからだ。

そうしないために岩崎家では大変に気を遣った。彌太郎は駿河台（のち湯島に移転）に「雛鳳館《すうほうかん》」と名づけた学寮を建て、長男の久彌をはじめ、三菱幹部の子弟ら同世代の生徒一五名ほどを住まわせた。帝大生の監督下での規律正しい生活。掃除洗濯すべて自分たちでやる。週末にのみ帰宅を許されるが、久彌を迎えるとき彌太郎は羽織はかまで応対し、わが子といえども一定の距離を保って将来の当主としての自覚を促した。

彌太郎の弟・彌之助も、長男の小彌太が東京高等師範の中学生になると駿河台に学寮を作り、三菱幹部の子弟のほか地方出の優秀な生徒たちと一緒に、質素で躾《しつ》けの厳しい共同生活をさせた。彌太郎家の「雛鳳館」に対抗して寮生たちは「潜龍窟《せんりゆうくつ》」と称した。潜龍窟の寮生は休みになるとよく海や山に出かけた。これが仲間意識をさらに醸成した。優秀な生徒には奨学金が与えられ、卒業後の拘束はなかったが三菱に入社を希望すれば幹部候補生として迎えられた。

明治三二（一八九九）年、小彌太は一高を卒業し帝国大学法科大学に入学したが、中退してイギリスに渡り、ケンブリッジ大学に入学した。そこには中学時代の友人・今村繁三がすでに留学していた。級友だった中村春二にあてた手紙の中で今村は、

「中学時代の小彌太君がどちらかといえば内気で温厚な少年だったことは君も良く知るところだが、イギリスで再会したときは見違えるばかりに積極的で活動的な男児になっていた……」と記している。岩崎学寮の後半である一高時代からイギリス留学にいたる多感な時期に、小彌太が変化したことを窺わせる（ちなみに、のち中村が成蹊学園を創設する際、家業の銀行を継いだ今村と三菱の副社長になった小彌太が、物心ともに支援した）。

小彌太は日英同盟締結前後の五年余りイギリスに滞在したが、このころ夏目漱石もロンドンに留学していた。漱石が貧乏な給費留学生で引きこもりがちだったのに対して、小彌太は父からの潤沢な送金を得て恩師や学友たちと余裕をもってお付き合いすることができた。

著名なマーシャル教授のもとで、ヨーロッパ経済史や政治経済学などを学び、イギリス流の国際感覚を身につけた。教授は社会的貧困と不平等の是正に対する富める者の役割（ノーブレス・オブリージ）を強調した。小彌太は日露戦争直後の明治三九（一九〇六）年に帰国、三菱合資会社の副社長に就任した。

三菱が、三井や住友と違って岩崎家の独裁でありながら健全な経営を維持できたのは、当主が若き日に欧米に留学し広い世界を知っていたからだといわれる。二代目彌之助はアメリカのコネチカット、三代目久彌はペンシルヴァニア、四代目小彌太はケンブリッジだ。

しかし、それ以上に大きいのは、留学以前の多感な少年時代に親元を離れ、同世代の生徒と質実で剛健な共同生活をしたことである。寮生は皆平等だ。同じ釜の飯を食った「おれ」「おまえ」の関係は生涯続く。三菱の幹部になったかつての仲間は、遠慮なく当主すなわち社長に意見具申し、議論し、三菱としての健全な判断を導いた。

三菱の必要な人材は三菱で作る。それは彌太郎以来の流儀である。雛鳳館や潜龍窟は、岩崎家の後継者もふくめて、人材養成の場だった。

副社長時代、明治から大正へ

岩崎小彌太は日露戦争直後の明治三九（一九〇六）年にイギリスから帰国し、三菱合資会社の副社長に就任した。二八歳だった。帰国当時小彌太は、ケンブリッジの恩師の影響もあって、政治家志向だった。

「国へ帰ったならば政界へ出て日本社会の向上改革に力を尽くしたいと考えていた。ところが三菱の副社長になるように父から厳命を受け、いろいろ考えた末、名目だけでなく思う存分にやらせてもらうという条件で会社に入る決心をした」

と述懐している。

そうは言うが、ケンブリッジでは給費留学生がやっかむような潤沢な学費を父から送ってもらい、さらには日本の名門会社のオーナー家の御曹司としてイギリスのそこそこの社交界にも出入りしていたのだから、三菱の経営に参画する以外の選択肢はなかったといってよいだろう。

帰国の翌年の明治四〇（一九〇七）年、結婚。新婦の孝子は旧薩摩藩主・島津家の分家の出。小彌太二九歳、孝子二〇歳。媒酌人は元首相の松方正義で、結婚式は一部未完成の高輪の岩崎邸で行なわれ、披露宴は翌日深川の清澄庭園において歌舞伎役者や陸軍軍楽隊が花を添える中で行なわれた。

高輪邸は現在の三菱のゲストハウス「開東閣」で、ジョサイア・コンドルの設計。完成を楽しみにしていた父・彌之助だったが、洋館の竣工を見ずに翌年、上顎骨癌腫で没した。小彌太夫妻は高輪邸に住んだが、どうも私邸には不向きだったようで二年ほどで駿河台の邸に戻り、高輪邸はもっぱら迎賓館として使われた。

小彌太の副社長時代は、日露戦争直後から第一次大戦中の大正五（一九一六）年までの一一年間である。

日本の近代工業は急速に発展し、とくに重化学工業の基礎が形成され、三菱はわが国最大の企業に成長する。副社長はいわば社長見習いで、小彌太は久彌社長の経営全般を密接に補佐し、時にはプロジェクト・マネージャー的に陣頭指揮をとった。

三菱は長崎に加えて日本の中央部に造船所を建設することを計画し、小彌太が帰国する前年の明治三八（一九〇五）年に、神戸の和田岬にわが国最新鋭の造船所を完成させていた。政府の海運・造船助成策と海軍の主力艦国内建造政策により造船は急速に発展したが、国内での新造船については三菱が圧倒的なシェアを誇った。

さらに大正三（一九一四）年には下関に彦島造船所を完成させ、三菱は東洋最大の民間造船所になった。

鉱業では佐渡金山、生野銀山、大阪精煉所に加え、各地で鉱山を買収、金、銀、銅、鉛、錫などを産出した。炭坑は筑豊の方城、上山田、金田、相知に加え、北海道の大夕張、美唄、芦別の操業がはじまった。三菱は三井鉱業に次ぐ全国二位の生産をあげた。

明治三六（一九〇三）年に開設された牧山骸炭製造所は、やがて石炭化学工業に発展していく。また小彌太の弟・俊彌は明治四〇（一九〇七）年に旭硝子を創設し、板ガラスの製造を開始、大正三（一九一四）年には牧山工場を開設した。

まさに、重化学工業の揃い踏み。小彌太の副社長時代はそういう時代だった。そのことを象徴するかのように、東京の丸の内では三菱一号館を皮切りにイギリス風赤煉瓦建築のオフィス街を建設中で、大正三（一九一四）年には東京駅が開業して丸の内は文字通り日本のビジネスセンターになった。

子会社展開と株式公開

第一次大戦が勃発するとヨーロッパ製品がアジアに出回らなくなり日本はにわかに景気が良くなった。その好景気の中で、小彌太は従兄の久彌から三菱合資会社の社長の座を譲られる。大正五（一九一六）年の夏、三六歳だった。

三菱の社長は本家・分家のたすきがけといわれるが、そういうルールがあるわけではない。久彌から小彌太への継承も、岩崎一門で小彌太が後継者に最もふさわしいと久彌が判断したからであり、結果としてそうなっただけと理解すべきである。

小彌太はケンブリッジ大学時代に視野を広げ、政治家になる夢を描いて帰国したが、父・彌之助の強い意向で断念し、三菱合資会社に入った。久彌社長のもとで副社長としてざっと一〇年、経営の現場で経験を積んできた。機が熟したのだ。

小彌太が社長として満を持して行なったのは、久彌社長の時代に導入した事業部制をさらに一歩進めることで、各部門を三菱合資会社傘下の株式会社として独立させた。大正六（一九一七）年に三菱造船、三菱製鉄、日本光学工業、翌七年に三菱商事、三菱鉱業、さらに翌八年に三菱銀行、三菱海上火災保険といった具合で、三菱各社の多くの出発点がここにある。

独立した各社は自らの責任で社会と向き合い、採算を追求する。当初は岩崎家など三菱関係のみが株主だったが、株式は徐々に公開されていった。

小彌太は身長一八〇センチ、体重一三〇キロの巨漢で、ボートの選手であり剣道の達人だった。ゴルフのハンデは一二だった。

小彌太はスポーツマンらしく切れの良い判断をした。たとえば、東京倉庫（大正七年に三菱倉庫に改称）の大阪支店で薬物倉庫が爆発し、近隣の住民もふくめ多数の被害者を出したことがあった。第一報を受けるとただちに夜行列車で現地に向かい、弔問と見舞いに奔走、現在の三〇億円ほどにあたる一〇〇万円の支出を即決し、被害者への誠意ある補償と現場の早急な復旧に全力を尽くした。

岩崎小彌太

三菱合資会社の下で独立した事業会社は分系会社と呼ばれた。

そのトップは、社長ではなく会長と称した。現在と逆のような感じがしないでもないが、三菱の社長は小彌太社長一人という考えからだった。また、「本社」といえば三菱合資会社のことで、分系会社の本社は「本店」と称した。その名残りで、三菱では今日でも本社のことを本店と言う会社が結構ある。

時代は下るが昭和一二（一九三七）年に三菱合資会社は株式会社三菱社に改組され、同一八年には戦時下で指揮命令系統を明確にするため三菱本社と改称された。

しかし小彌太は、三菱が社会とともにあることにこだわり、分系会社のみならず本社の株式の公開も積極的に進めたので、終戦のとき三菱本社株の四三パーセントが一般株主になっていた。ちなみに三井の場合は三六パーセント、住友と安田は非公開のままだった。

小彌太はスポーツマンであると同時に、音楽を好み、陶磁器を愛で、日本画を描き、俳句を詠む文化人だった。常に理想を追い求めるロマンチストでもあったのだ。

丸ビルと関東大震災

丸ビルは永らく日本の近代建築を代表する存在だったが、平成一一（一九九九）年にその役割を終え、平成一四（二〇〇二）年、新しい丸ビルとして生まれ変わった。同様に五年遅れて新丸ビルも生まれ変わった。過渡期には「新しい旧丸ビル」とか「古い新丸ビル」とか言う必要があってこんがらかったが、それも今では笑い話。東京駅と皇居の間にあって、行幸通りをはさんで対面する。三七階建て一七九メートルと、三八階建て一九七メートルのツインタワーである。

大正三（一九一四）年に東京駅ができた。日本の鉄道の基点、グランドゼロだ。これにより長いこと不便だった丸の内は一気に便利になった。

大正九（一九二〇）年、丸の内のオフィススペースの需要が増加し、アメリカ式の鉄骨高層ビルの建設が検討された。エレベーターのある画期的な九階建て、延べ床面積が一万八〇〇〇坪と、これまでのイギリス式の赤煉瓦三階建てとは桁違いの構想だった。

ところが景気はそれこそ一〇〇年に一度の株価暴落、銀行破綻のガラ（瓦落）の真っ最中。最悪のタイミングである。三菱合資会社内部では慎重論が強かった。が、地所部の赤星陸治部長や桜井小太郎技師長が小彌太社長に熱烈に直談判する。小彌太は熟慮に熟慮の末、決断した。ある意味では、明治二三（一八九〇）年の、彌之助の「丸の内」購入に匹敵する英断だった。

アメリカの建設会社フラー社の設計、施工。工事は順調に進んでいたが、関東大震災の前年、大正一一（一九二二）年に、マグニチュード六・八の地震が発生した。一部に被害が出たため、急遽工期を延長して設計を見直し補強工事を行なった。

そして丸ビルは大正一二（一九二三）年二月に竣工、ビルの中に商店街やレストランがあるという画期的なビルで、まさに帝都の話題をさらった。しかし、大事なことは、この丸ビル工事の最終段階で起きた地震の教訓を生かしたことで、竣工半年後の九月に起きたマグニチュード七・九の関東大震災において、外壁など一部に損害を受けただけで問題なく、被災者救援の拠点になり得た。

三菱合資会社の本社は竣工したばかりのその三菱本館と丸ビルに入っていた。九月一日正午前後、数分おきに激しい揺れがあり、棚が倒れ什器備品は飛び散り騒然となった。近くで建設中のビルが倒壊し作業員が生き埋めになる。あちこちで火が出て、四方に広がる。下町の市民が避難してきて、東京駅前、丸の内、皇居前広場はまたたく間に人で埋まった。

社員は三菱本社の柔道場の畳を持ち出して臨時救護所にし、応急手当にあたり、飲み水を提供した。翌日には本社の備蓄米で炊き出しを開始したが、被災者の数は膨大で焼け石に水。丸ビルの商店の食料品略奪がはじまり、軍隊や警察も出動した。何とか秩序を取り戻した丸ビル前の広場では、三菱の社員や丸ビルのテナントの人たちにより食糧の配給が行なわれた。

このとき、小彌太社長は箱根に滞在していたため、にわかには連絡がとれなかった。三菱合資会社では青木菊雄常務理事をヘッドにして対策本部を設置、青木はただちに日本政府に対し、小彌太社長名義で五〇〇万円の義援金を申し出た。丸ビルの総工費が九〇〇万円だったことからいえば、今の一〇〇億円以上にあたるのだろうが、タイミングを重視しての独断専行だった。後刻、小彌太に恐る恐る報告し承諾を求めると、「さすが良い判断をしてくれた」と感謝され胸をなでおろしたという。

関東大震災では、全国民が東京の市民に救済の手を差し伸べたが、大阪からは救援船に食糧・衣料・医薬品などを満載し、医師や看護師も乗せて、東京に急行させたのだった。

文化人・小彌太

岩崎小彌太は、趣味と教養の人。まさしく文化人。俳句は高浜虚子、絵は前田青邨《せいそん》、漢籍は諸橋轍次《てつじ》と、超一流の師についた。書も、茶も、チェロも、ピアノも、陶器も、造園も……。まさに天賦の才と恵まれた環境をフルに生かしたといえる。

文化支援は生涯を通してさまざまな分野におよんだ。

多感な時期にイギリス社会にふれたことも大きい。たとえば教育支援。小彌太は東京高等師範の付属中学以来の親友である中村春二にこう書き送っている。

「……英国の学校教育は、個性を尊重し、自由な雰囲気により行なわれている。日本の学生が詰込主義に毒され、自主的精神を喪失している現状に比べると、まことに羨ましい限り……」

中村春二は、明治三九（一九〇六）年、本郷の自宅に私塾成蹊園を開いた。「成蹊」は司馬遷の「桃李不言下自成蹊」（桃李《とうり》もの言わざれども下おのずから蹊《みち》を成す）から来ている。やがて、個性尊重の人格教育を掲げて池袋に成蹊実務学校を設立した。友人の小彌太と、やはり付属中学以来の友人でイギリスに留学した銀行家の今村繁三が支援した。いわば、中村の理想とする教育と小彌太たちの見たイギリスの教育のコラボレーションである。

成蹊は創立以来一貫して師弟お互いの心が直接ふれ合う人格教育をめざした。小彌太は成蹊を支援し続け、大正八（一九一九）年には理事長に就任し、卒業生の就職まで気を遣った。敷地が手狭になったので大正一三（一九二四）年に武蔵野の吉祥寺に移転したが、このとき中村は無念にも急逝してしまう。今日、成蹊は大学院を頂点とするユニークな学園になっているが、理事長には三菱の幹部がなるなど、相変わらず三菱とは密接な関係にある。

また、小彌太の音楽好きは有名だった。イギリスから帰国すると、明治四三（一九一〇）年、西欧の音楽を日本に普及させるために、東京フィルハーモニック・ソサエティーを設立した。主としてイギリス留学仲間が支え、明治から大正にかけて数多くのコンサートを催し、音楽愛好家の底辺を広げ、優秀な音楽家を世に送り出した。

小彌太は、自らはチェロを弾くことを楽しみとし、東京音楽学校（現在の東京藝術大学）のチェロ教師・ヴェルクマイステルに師事した。その縁で山田耕筰のドイツ留学を援助することになり、山田はベルリンで音楽理論と作曲を学んだ。大正三（一九一四）年に帰国すると、東京フィルの支援でオーケストラの演奏会を帝国劇場で開くことができた。メンバーは九〇名、陸海軍楽隊、東京音楽学校、宮内省楽部、三越少年音楽隊からの寄せ集めだった。小彌太はこの後も山田の音楽活動を財政的にも精神的にも長年にわたり支えた。

今日も続いている小彌太の文化支援の最大のものは、静嘉堂文庫だろう。父・彌之助が恩師である重野安繹の研究を援助する目的から古典籍の収集をはじめ、清朝末期の大蔵書家・陸心源の蔵書四万五〇〇〇冊も購入した。高輪邸ができて駿河台から移り、諸橋轍次博士が文庫長となった。大正一三（一九二四）年に、現在の世田谷区岡本に新築・移転した。

小彌太の死後は、個人蔵だった中国絵画、陶磁器、日本絵画、刀剣、茶道具などの美術品も収蔵された。図書約二〇万冊、美術品約六五〇〇点に達し、うち国宝七点、重要文化財八二点がふくまれている。収蔵品中の目玉は国宝「曜変天目茶碗」で、南宋時代に中国福建省建寧府の建窯《けんよう》で焼かれた。漆黒の釉面《ゆうめん》に大小の斑紋が浮かび、そのふちは瑠璃色の光彩を放っている。焼成時の偶然の産物で、世界に三碗しかない。

平成四（一九九二）年に三菱各社の協力も得て美術館が完成し今日にいたっている。

経営の根底は三綱領の精神

分系会社の社員にとって、親会社である三菱合資会社の岩崎小彌太社長は、雲の上の存在だった。

第一次大戦が終結しヨーロッパ諸国が復興すると、日本は輸出減少・輸入増加に転じ、大正九（一九二〇）年三月には株価が大暴落、多くの企業が倒産した。三菱商事は多額の不良債権を抱え創業二年で深刻な赤字決算に陥った。

五月、場所長会議が開催される。なんと、「小彌太社長おんみずから出席される」という。

「手厳しいお話があるに違いない」

一同緊張して第一声を待った。ところが小彌太の言葉は予想とまったく違った。小彌太は、

「三菱の事業は社会に対し国家に対して尽くすことが第一義であり、利益を得ることは第二義である。そこを間違えてはならない」

と諭した上で、量ではなく質で競争すべきこと、僥倖ねらいの投機などに走らぬことなど、取引の基本姿勢を諄々と説いた。

なりふりかまわず危うい取引に突破口を開こうとしていた社員たちは目が覚める思いがした。のちの三菱商事社長・田中完三は後年、このときのことを自著『九十五歳の記』の中で、

「社長は損を取り戻せなんてことはこれっぽっちもおっしゃらなかった！」

と振り返っている。

当時、三菱造船の常務取締役だった三宅川百太郎は、この場所長会議には出ていない。しかし、同じ三菱合資会社傘下の分系会社なので、訓示の内容は即座に伝わってきた。オール三菱の社員が、小彌太社長の正論に感動したのだった。

三宅川は翌一〇年、三菱商事の会長に就任したが、相変わらず関東大震災、金融恐慌、世界恐慌と苦しい時代が続き、経営環境は容易に好転しなかった。

ところが、昭和六（一九三一）年から状況が一変する。満州事変、上海事変と、大陸がきな臭くなり、商事のビジネスも急速に拡大した。三宅川は言いようのない危うさを感じた。「地

に足が着いていない……」。

社員のやる気を維持しながらどう注意を促すか。思い浮かんだのが一三年前の小彌太社長の訓示である。

「今とは反対の、不況の真っ只中での訓示だったが、あれこそはどんな状況にあっても三菱の社員が心すべきことだ」

そう、三宅川は思った。

三宅川は、静嘉堂文庫の諸橋轍次博士の撰を得て、小彌太の訓示にふくまれるメッセージを「所期奉公」「處事光明」「立業貿易」の三つにまとめ、「三綱領」として社員に示した。昭和九（一九三四）年である。

第一の意味は国家社会への貢献を旨とすること、第二は常に公明正大であるべきこと、第三は対外貿易を軸に広い視野で臨むこと、だ。三菱の事業は、どんなに貧しても、利益追求のみに汲々とするようなことがあってはならない。

あえて言うなら、この三綱領の精神は必ずしも小彌太の独創ではない。三菱の創業以来、活動の節目節目で確認され反芻《はんすう》されてきたことである。経営者も一般社員も、折にふれそっと復唱してきた三菱の心である。それをわかりやすい四文字熟語三つにした三宅川のアイデアがにくい。「所期奉公」「處事光明」「立業貿易」、永遠である。

重工業の発展

海運会社からスタートした三菱は、時代を反映して主役が何度か交代したが、岩崎小彌太社長時代の三菱の主役は重工業だったといっていいだろう。

明治二〇（一八八七）年に払下げを受けた長崎の造船所を出発点とする三菱の造船事業は、関連のさまざまな分野にも活動の範囲を広げてガリバー化し、大正六（一九一七）年に、三菱合資会社傘下の最初の分系会社「三菱造船」として独立した。同九年には航空機製造部門を「三菱内燃機製造」として独立させ、同一〇年には電機事業を「三菱電機」として一本立ちさせた。さらに戦車、機関車、車両、製鉄機械などの部門が力をつけていた。

零式艦上戦闘機

しかし小彌太には、開発に厖大な費用と時間を要する造船と航空機製造は、技術面・設備面で共通する部分が多く、再統合して単一組織で取り組む方が良い結果を生むと思われた。だが、造船と航空機それぞれの技術者たちのライバル意識は強烈で、背後には顧客である海軍内の艦政本部と航空本部の対立、さらには陸軍の思惑も絡んでいた。社内の反対意見はトップダウンで制することができても、軍の方はそうはいかない。

小彌太は信念の人である。

「国に対する重い責任を考えるなら組織の一体化は三菱の急務である」

との自説を変えない。

そういう小彌太の頑《かたく》なさが、しばしば一部の軍人や右翼の反発を招き、自らの命を危険に晒すことになる。小彌太の寝室は機関銃をも弾き返す鋼鉄の扉で護られていた。工場視察などで人前に出るときは「そっくりさん」が前に行ったり後ろに来たりした。

小彌太は造船と航空機の合併を実現させてしまう。昭和九（一九三四）年、三菱造船を「三菱重工業株式会社」に改称した上で、一四年前に分離独立させた三菱内燃機製造（昭和三年、三菱航空機に改称）を合併し、軍艦も戦闘機も造る、という体制ができた。また、日本郵船の子会社だった横浜船渠《せんきょ》を合併し、これまで長崎、彦島、神戸と西日本に偏っていた三菱の造船拠点を、東日本にも確立したのだった。

「重工業」という言葉は、実は昭和九（一九三四）年までは存在しなかった。そもそもそういう概念がなかったのだ。「Heavy Industries」の直訳で、小彌太の造語である。当初は奇妙な響きを持つように思われたが、皆すぐに慣れた。

三菱の事業は一般の人々とシェアすべきだという小彌太の信念で、増大する資金需要への対応もあって、三菱重工業の株式は公開された。「時局株」ということで人気を呼び、その日は三菱銀行の前に引き受け申込者の蜿蜒《えんえん》長蛇の列ができた。株主数は一万六〇〇〇人に達し、九〇パーセントだった三菱合資の持ち株比率は五八パーセントに下がった。

造語に込められた思い

ソニーとかパナソニックとか、カタカナだけの社名が増えている。IHIやYKKのように、ローマ字を正式社名にするところもある。いずれも覚えやすいことや事業内容を限定しないことが理由だが、かつては逆だった。他社と明確に区別するために、人名やシンボルなど名詞を漢字でカンムリにし、次に事業内容を付けるパターンが多かった。

昭和九（一九三四）年に三菱造船と三菱航空機が合併し、社名に岩崎小彌太社長の造語である「重工業」を入れて「三菱重工業」が生まれたことは前に述べた。

その年、日本タール工業が三菱鉱業と旭硝子の折半出資で創設され、北九州の牧山と黒崎に三つの工場を建設し、昭和一一（一九三六）年に小彌太の命名で社名を「日本化成工業」にした。「タール工業」という社名が実体と合わなくなったためである。

実は、この「化成」も、有機化学と無機化学を総合する化学の事業というような意味で、小彌太が造語したものである。易経の「而天下化成」に想を得た。宇宙万物の生成発展を意味する。静嘉堂文庫で定期的に諸橋轍次博士について四書五経を学んでいた小彌太は、化成を社名に使うことについて博士の意見を求めた。博士は「含蓄《がんちく》豊かな成語です」と賛意を表したという。

化成は、今日では普通名詞化して、旭化成、日立化成など、多くの会社名に採用されているので、重工業同様当初は耳慣れない言葉だったかもしれないが、名造語だったといえるだろう。

三菱の化学工業の源流は二つある。一つは、小彌太の弟・岩崎俊彌が明治四〇（一九〇七）年に尼崎に創設した旭硝子である。二年後には日本ではじめて板ガラスの国産化に成功、耐火煉瓦工場も建設した。大正六（一九一七）年にはアンモニア法によるソーダ灰の製造を開始した。もう一つの源流は、三菱合資会社鉱業部（のちの三菱鉱業）の北九州における石炭乾溜化学の研究で、コークス炉から発生するガスとタールを回収し化学原料として利用しようというものである。

二つの源流を踏まえた日本化成工業は、コークス・染料・化学肥料の生産を軸に、アンモニアの合成にも進出した。昭和一二（一九三七）年には硫安《りゅうあん》八万トンの設備も完成した。「化成」には、旭硝子を創設し育て上げながら、昭和五（一九三〇）年に若くして病没した弟・俊彌の夢を活かし発展させるという思いも込められているかもしれない。俊彌は小彌太とともにイギリスに渡り、ロンドン大学で化学を学んだ。

昭和一九（一九四四）年、戦時体制で、日本化成工業、新興人絹、旭硝子の三社が合併して、三菱化成工業になる。戦後、元の三社に戻ったが「化成」は存続し、平成六（一九九四）年に三菱化成と三菱油化が合併して三菱化学になったとき消滅した。

昭和一一（一九三六）年に小彌太は思いを込めて「化成」の漢字二文字を生み出したが、平成二（一九九〇）年に合併した三菱鉱業セメントと三菱金属工業は、「三菱原料」とか「三菱資源」とかの社名にはせず、英語をそのまま採用して「三菱マテリアル」とした。社名は、時代を背景にしたその会社の歴史でもある。

太平洋戦争——大局を見失うな

昭和一三（一九三八）年ごろから国家総動員法、国民徴用令、奢侈《しゃし》品等製造販売規則などが続々と実施され、さらに労働総同盟の解散、大日本産業報国会の設立と、世の中は戦時体制に傾斜していた。

昭和一六（一九四一）年一二月八日、日本の陸軍がイギリス領のマレー半島に上陸し、海軍がパールハーバーを急襲して、ついに太平洋戦争がはじまった。国民は開戦のニュースに興奮した。

ところが、多くの三菱の関係者は戸惑った。日ごろ岩崎小彌太社長が軍部や右翼の強引なやり方に批判的な発言をしていたからである。

小彌太はそういう空気を慮《おもんぱか》って、翌々日の一〇日、幹部を招集した。小彌太は言った。

「これまで私は政治や外交問題に種々意見を述べてきたが、事ここにいたっては、国是の向かうところは明らかである。わが三菱が産業報国をもってこの重大時機に責務を果たすべきことは論を俟たない。奉公は三菱創業以来の信条である」

小彌太は社員の戸惑いをピタリと封じた。そう、国あっての三菱なのだ。迷わず三菱の総力をあげて生産に励もう。それが三菱の責務だ。小彌太のこの所信表明により三菱の社員はふっきれた。

世界的視野に立つ小彌太にとって、開戦は由々しい限りだった。しかし、如何ともし難い。三菱は日本の企業である。他に選択肢はない。いささかでも政治から距離を置くのが精一杯だった。

小彌太は、三菱の産業報国の使命を明確に示した上で、次の二つのことを付け加えた。小彌太の真骨頂といえる。

「激しく変転する世界の情勢に的確に対応すべきことは国民として当然であるが、よく大局を見極め、目先のことに迷うことなく、冷静沈着に、百年の大計を立てて事にあたることを切望する」

これこそ、時局の本質を見抜いていた小彌太が、社員に最も伝えたかったことである。

諸君、分かれよ。現下の国難にあたるのは国民の義務だが、心の底では冷静に百年先を見据えるんだぞ、百年先。わかったな。

さらに続けた。

「今日まで友人として事業をともにしてきた英米人のことを忘れてはならない。国と国とは戦争状態になりさまざまな措置がとられるであろうが、われわれ民間人が彼らの身辺と権益を守るべきことは、日本人としての情義であり責務である。いずれまた、彼らと手を携えて世界の平和、人類の福祉のために貢献するときは来る。必ず来るのだ」

当時の世情からすればかなり危うい発言だったが、小彌太の熱き思いは三菱内部でしっかり受けとめられた。戦局は次第に厳しくなり、多くの三菱の工場が罹災《りさい》するなど危険が増したが、小彌太は生産に励む現場の社員を激励することは社長の責務と考え、工場視察をやめなかった。

国際人にして愛国者。心からの平和主義者が日本最大の軍需工場の社長として責務を果たす、これ以上の辛いことがあるだろうか。

財閥解体――自発的解散の理由なし

昭和二〇（一九四五）年八月一五日、敗戦。日本は無条件降伏してGHQの占領管理下に入る。財閥解体、農地解放、労働改革を柱とする「経済の民主化」が推し進められた。

GHQは当初財閥解体の具体案を示さず、財閥本社は「自発的解散をする」ことが求められた。抵抗しても無駄と判断した安田がいち早く自発的解散の声明を出し、三井、住友も「寛大な措置」を期待して安田に続いた。三菱は違った。自発的に解散しなければならない理由はないと突っぱねた。

熱海の別邸に夫人を疎開させ、自らは鳥居坂の本邸の、焼け残った土蔵に寝泊りして三菱の指揮をとる岩崎小彌太社長。戦時中の無理がたたって大動脈瘤や血栓症の治療を受ける日々だったが、言うべきことを言い続けた。

「三菱は国家社会に対する不信行為はいまだかつてなした覚えはなく、また軍部官僚と組んで戦争を挑発したこともない。国策の命ずるところに従い、国民としてなすべき当然の義務に全力を尽くしたのであって、顧みて恥ずべき何ものもない」

三菱本社は早くから積極的に株式の公開を行ない、終戦の時点で一般株主が全体の四三パーセントを占めていた。小彌太は、「三菱は国民一般に公開されたものであり、一万三〇〇〇人の株主の信頼を裏切って自発的に解散することなどありえない」と主張した。

GHQの意向に沿って三菱に解散を求める日本政府の首相は幣原喜重郎。その夫人・雅子は岩崎彌太郎の娘。久彌の妹であり小彌太の従妹である。蔵相は渋沢敬三。夫人・登喜子は彌太

幣原喜重郎

郎の孫。久彌の妹・磯路の子である。小彌太にとっては従姉の子ということになる。GHQに言われて攻める者と、民主化のターゲットとして攻められる者が一族という運命の皮肉。小彌太の信念は揺るがず、もちろんGHQも譲らない。

だが小彌太の体力は限界に達していた。ついに一〇月二九日、東大病院に緊急入院する。やんぬるかな。小彌太社長だからこそできた抵抗だった。

留守を預かる船田一雄本社理事長は、もはや「自発的解散は国の命令」と解釈して受け入れざるを得ない状況にあることを三菱各社に説明した。

三菱本社は一一月一日、小彌太社長欠席で株主総会を開催、本社解散の手続きに入ることを決議した。同時に小彌太社長と彦彌太《ひこやた》副社長の退任と、清算手続きのため田中完三三菱商事社長が三菱本社社長に就任することも決議された。

高浜虚子に俳句を師事した小彌太の残した句、

「秋さまざま病雁伏すや霜の上」

は、小彌太の心情を表現して余りある。

「雁」は小彌太自身、「霜の上」は病院のベッドの白いシーツを表わす。かつて一三〇キロもあった巨躯は見るからにやせ衰えていた。変わらなかったのは三菱を率いる者としての使命感だけだった。

一二月二日、小彌太、ついに帰らぬ人となる。大動脈瘤破裂だった。小彌太は書き残していた。

「本社はいかなる形になろうとも、我らの永き精神的結合は永続し、三菱の事業は三菱の精神をもって経営されることを信じて疑わない」

失せぬ求心力、よみがえる三菱

昭和二〇（一九四五）年八月三〇日、厚木に降り立ったマッカーサーは、日本を総合的に弱体化し二度と戦争を起こせない国にする作業に着手した。まず財閥がターゲットとされ、岩崎小彌太社長が「顧みて恥ずべき何ものもない」として抵抗したが、泣く子とマッカーサーには勝てず、三菱本社が「自主的」解散に追い込まれていった経緯は述べた。

続いて三菱商事が、三井物産とともに「解散指令」を受けた。部長以上の者が二名以上集まってはならない、社員が一〇〇名以上集まってもいけない……と驚くほど微に入り細にわたる解散指令で、結局百数十社に分散することを余儀なくされた。

昭和二三（一九四八）年には、三菱銀行や三菱信託が「三菱」の商号を使用することを禁止され、千代田銀行、朝日信託銀行になった。

「過度経済力集中排除法」による企業分割も行なわれ、日本製鉄など有力一一社が分割されたが、三菱では、三菱重工業が地域別三社に、三菱鉱業は石炭部門と金属部門の二社になった。一方、三菱化成工業は「企業再建整備法」により戦時合併以前の三社に戻った。

財閥家族の企業支配力の排除も過酷だった。全国で一〇家族五六名が指名され(岩崎家は一一名)、所有する有価証券のほぼ半分は財産税として物納、残りは持株会社整理委員会に譲渡させられた。動産、不動産も処分され、家族の月々の生計費も委員会の承認を得なければならなかった。

GHQはまさに重箱の隅までつついて日本の構造改革にあたった。三菱の本社はなくなり、岩崎家の影響力も排除された。

だが、GHQには計算違いが一つあった。岩崎小彌太社長を排除し、副社長の岩崎彦彌太も放逐し、本社は影も形もなくなったのに三菱の関係者がひそかに集い協力し合う。これは非論理的であり、アメリカ人のセンスでは予測できないことだった。

日本の置かれた立場も劇的に変わる。東西冷戦が深刻化する中で日本は西側の一員としての役割を担うことになったのだ。昭和二七(一九五二)年にサンフランシスコ平和条約が発効し、

ＧＨＱの日本改造の施策は薄れていく。

三菱本社の復活と岩崎家の復権こそならなかったが、三菱各社は社長懇談会を発足させ、やがて三菱金曜会に発展させる。戦後復興と高度経済成長、国をあげての創意と工夫と努力の中で、昭和二七（一九五二）年に信託銀行、翌年には銀行に「三菱」の名が復活する。昭和二九（一九五四）年に三菱商事が大合同、昭和三九（一九六四）年には重工三社が合併して三菱重工業がよみがえる。平成二（一九九〇）年にはかつての三菱鉱業が三菱マテリアルとして復活し、「三菱の戦後は終わった」といわれた。

その後のことは、ご承知の通りである。高度成長あり、バブルの崩壊あり、失われた一〇年があり、一〇〇年に一度の金融危機も体験した。そして、戦後の政治のほとんどをリードしてきた自民党政権が崩壊し民主党政権が誕生した。

今後、世の中がどう変化するか予想もできないが、三菱はしっかりその変化を踏まえながら発展し続けるだろう。根底にあるのは小彌太社長が諭した三綱領の精神。所期奉公、處事光明、立業貿易の精神。漢字なるがゆえにさまざまな解釈を許容するところがいい。それが三菱流、三菱の良さであろう。

彌太郎ゆかりの人たち

トマス・グラバー——外国への窓

「長崎のグラバー邸はかつて三菱のものだった」と言うと、「へえ〜」と反応する人は多いと思う。長崎湾を見下ろす南山手の丘の上。文久三（一八六三）年に建てられた。プッチーニのオペラ「蝶々夫人」の舞台に擬せられている。ただしグラバーはピンカートンではないので愛妻・ツルを裏切ることはしていないしツルも自害などしていない。グラバー邸は幕末には武器弾薬などきな臭い取引の舞台となったが、明治維新後は普通の外国人の別荘だった。昭和一四（一九三九）年に三菱重工業がグラバーの子孫から購入した。戦後の昭和三二（一九五七）年、造船所が長崎鎔鉄所として発足してから一〇〇年を迎えた記念に長崎市に寄贈された。

トマス・グラバーはスコットランドの生まれ。安政六（一八五九）年、開港後一年の長崎に、香港を拠点にするイギリスのジャージン・マセソン商会の代理人として着任した。二一歳だった。

ほどなくグラバー商会を設立、幕末の激動の中でオールトやウォルシュ、シキュート、クニフレルなど欧米の貿易商人たちと競合しながら、西南雄藩に艦船・武器・弾薬の類を売り込んだ。一八六〇年代半ばには長崎における外国商館の最大手になっていた。

　グラバーには長期的な視野からの活動も多い。長州藩の伊藤博文や井上馨らのイギリスへの密留学を支援したほか、薩摩藩の五代友厚や寺島宗則、森有礼らの秘密裏の訪欧や留学にも協力、結果として日本の近代化に大きな役割を果たしている。

　慶応三（一八六七）年には岩崎彌太郎が土佐藩の開成館長崎出張所に赴任してきた。早速、彌太郎をグラバー邸に招き商談に取りかかる。坂本龍馬や後藤象二郎も出入りしていた。

　グラバーは貿易にとどまらず事業にも乗り出した。慶応四（一八六八）年、肥前藩から経営を委託された高島炭坑にイギリスの最新の採炭機械を導入し、本格的な採掘を開始した。

　また、ほぼ同時期、グラバー邸から一キロほどの小菅に薩摩藩と共同で日本初の洋式ドックを建設した。いわゆる「そろばんドック」（修繕船をレールに乗せて引き上げるシステム）で、設備はすべてイギリスから輸入した。

　そういうグラバーだったが、いよいよ幕末に近づき政局はどう転ぶかわからない状況になってくると、取引の中心を次第に投機的要素の強い武器や艦船に移し、一攫千金をねらうようになっていった。

　ところが皮肉にも、グラバーが肩入れした西南雄藩は怒濤の勢いで討幕の兵を進め鳥羽伏見の戦いで一気に勝敗を決してしまう。グラバーの思惑ははずれて大規模内戦なし。グラバー商会は見越しで仕入れた大量の武器や艦船を抱え込む。おまけに時代変革の混乱の中で雄藩への掛売りの回収は滞り、明治三（一八七〇）年、資金繰りに窮して倒産してしまう。

　バブルがはじけてグラバーは、失意のままに故郷のスコットランドに帰ったかというと、そうではない。日本にとどまり、国際ビジネスの豊富な経験と多彩な人脈を活かし、事業主ではなくビジネスマンとして死ぬまで活躍した。まさしく一九世紀の冒険商人。ロマンあふれる人生だったのである。

　さて、高島炭坑は人手に渡り、間もなく官営化され、のちに後藤象二郎に払い下げられた。ところが石炭の国際的な取引については日本人はまだまだ経験不足。グラバーは、経営権は失ったが引き続き高島炭坑に地位を得た。

　明治一四（一八八一）年、経営をもてあました後藤が手を引き、今度は三菱が高島炭坑を買収した。管事の川田小一郎は言った。

「高島の石炭の、中国・香港その他への輸出の采配はグラバー殿にお願いしたい。ただし炭坑の支配人である瓜生震とは納得ずくでやること。また、取引の状況については、支配人経由で毎月本社に報告願いたい」

グラバーは答えた。

「岩崎殿にお伝え下さい。必ずや満足いただける結果を出しましょう」

大見得を切った通りグラバーは石炭の国際取引を巧みにこなし、彌太郎の期待に応えた。その後三菱の本社の渉外関係顧問に迎えられ、愛妻のツルとともに長崎から東京に移り住んだ。

最初の子は夭折したが、次男・トムは順調に成長した。グラバーとトムの音を取って「倉場《くらば》富三郎」と称した。父が三菱の顧問なので三菱の子弟寮から学習院に通い、やがてペンシルヴァニア大学に留学、異郷で岩崎久彌らと交友を深めた。繰り返しになるが久彌は父・彌太郎が逝ったのち三菱を継いだ叔父の彌之助のすすめで留学していた。経営学や米国史を学び、帰国して二年後に三菱の三代目社長になる。

グラバーは技術導入など三菱の国際化路線のアドバイザーとして久彌を援けた。キリンビールの前身ジャパン・ブルワリーの設立にも参画した。グラバーに対する三菱の評価は高く、たとえば明治三四(一九〇一)年の月給は手当込みで七二〇円という厚遇で、最高幹部である管事の荘田平五郎の六〇〇円よりも多かった。

在日外国人社会における人望は絶大で、鹿鳴館の名誉セクレタリーにも推され、明治日本の国際交流に貢献した。また、かつてグラバーの尽力でひそかにイギリスに留学した伊藤博文は、明治政府の高官となってからもグラバーと接触を保ち、私的に意見を求めることもあったという。

三菱二代目社長の岩崎彌之助は伊藤にグラバーの叙勲を働きかけたことがある。

「グラバー……日清ノ事起キルヤ身長崎ニアリテ海外各国貴紳及ビ海軍士官、新聞記者等ト往来シ……朝廷軍ヲ出スノ正義ナルヲ説キ……隠然我外交ニ裨益《ヒエキ》スルコト固ヨリ一二ニ止マラズ……」

明治四一（一九〇八）年にグラバーは、明治維新に功績があったとして、外国人としては破格の勲二等旭日章を贈られた。その三年後に腎臓炎で他界。七三歳だった。日本を愛し、明治日本を生き抜いたイギリス人は、長崎に還り、ツルとともに国際墓地に眠っている。

息子の倉場富三郎はというと、アメリカ留学から戻って三菱には入らず、長崎で遠洋漁業の会社に勤務した。学究肌で仕事のかたわら「魚類図譜」をまとめたりしている。グラバー邸は昭和一四（一九三九）年に三菱重工業に売却した。

第二次大戦がはじまり、混血なるがゆえに日英のはざまで苦しんだ富三郎だったが、戦後になって七四歳で自ら孤独な死を選んだ。国際墓地の父母のかたわらに葬られた。

石川七財——彌太郎の右腕

幕末維新の社会変革の中で、武士の底辺から身を起こした岩崎彌太郎が、土佐藩の事業を日本最大の海運会社、三菱にまで発展させた陰には、彼を支えた強力な友人知人がいる。代表格は石川七財と川田小一郎。この二人抜きには草創期の三菱を語ることはできない。

石川は彌太郎よりも六歳年上である。父の唯七は「御両口」といって生涯殿様の馬の轡《くつわ》をとる役で終わったが、息子の七財は才覚を認められ漸次登用されていった。

石川は粘着質の性格だった。傾倒していた藩の参政・吉田東洋が刺客に倒れると、憑《つ》かれたように犯人捜しにあたった。江戸在勤中には、藩邸の門限を破った者をあまりにしつこく糾弾したため激昂をかって斬りつけられている。トレードマークの頬の傷はそのときのものだ。

元号は慶応から明治に変わり、彌太郎は藩営事業である開成館大阪出張所の責任者として海運に貿易に縦横無尽の活躍をしていた。が、高知にはそれを快く思わない勢力があった。横目付の石川もその一人で、ひそかに彌太郎の行状を監査すべく大阪に派遣された。

西長堀の船着場に降り立った石川、早速彌太郎の周辺を探る。石川の行動にすぐ気がついた彌太郎は金銭出納帳など手のうちすべてを見せ、日本の置かれた立場を語り、海運・貿易の重要性を説いた。石川は彌太郎の話にいつしか共鳴してしまい、ミイラ取りがミイラに。石川は大阪にとどまり、やがて彌太郎の右腕になる。

明治三（一八七〇）年、九十九商会が発足し、土佐藩の海運や貿易の事業を継承した。石川は経営の中核に入る。彌太郎は監督する立場。

三菱幹部。前列左より石川、彌太郎、川田、クレブス、後列右より荘田、彌之助

あるとき堂島の米相場が高騰した。石川は積極介入を主張。彌太郎は取り合わない。粘着質の石川、千載一遇のチャンスと食い下がり、しつこさに彌太郎が折れると、猛然と買いに出た。間もなく相場は大暴落。青くなった石川に彌太郎は、

「これでおぬしも商売を覚えたかな……」

石川、頭が上がらない。

廃藩置県ののち、九十九商会は三人の幹部（石川、川田、中川）の名から「三川」商会と改称した。のち、彌太郎が社主になり、明治六（一八七三）年には岩崎家の紋である三つの菱に因ん

で「三菱」を名乗った。翌年、本社を東京に移転、全国区に進出した。

明治七（一八七四）年の台湾出兵で三菱は、政府の要請に応えて軍事輸送を担い、飛躍的発展の扉を開いた。石川は配船の現場を仕切った。その後も主として大阪にあって内外の海運会社との競争を指揮した。とくに草創期三菱の最大の事業だった西南戦争での軍事輸送では、風雲急を告げる九州に自ら赴いて想を練り、開戦後の兵員・武器・弾薬の円滑な輸送を可能とした。まさに「フォロー・ミー」の精神で陣頭指揮する石川だった。

三菱の海運事業を統括し、草創期三菱の隆盛を演出・主演した石川七財は、明治一五（一八八二）年、志半ばで急逝する。五四歳だった。墓地は谷中にある。

彌太郎は生前こう言っていた。

「草莱《そうらい》（草むら、荒地）を開墾するの力はわれ石川に許し、播種殖穀《はしゅしょっこく》（種をまき穀物を育てる）の功はわれ川田に託す」

彌太郎を支えた石川と川田。のちの三菱の経営幹部たちにも見られる「組み合わせの妙」というものであろう。

川田小一郎――彌太郎の左腕

岩崎彌太郎より二歳年下の川田小一郎、高知の西の小さな村に生まれた。親は藩士とはいえ貧困そのものの生活。が、世は時代の変革期、若者には無限のチャンスがあった。

川田は抜群の理財の才が認められて、藩の会計方に登用された。松山藩の旧幕府資産を接収するにあたっては乾《いぬい》（板垣）退助の旗下に入った。住友別子《べっし》銅山の接収には現場責任者として乗り込んだが、総支配人・広瀬宰平《さいへい》の捨て身の嘆願に耳を傾けた川田は、「操業現場の混乱は国にとって得策ならず。住友が幕府から得た稼行権をこのまま認めるべき」と判断、明治政府にその旨進言した。『住友別子鉱山史』に、「広瀬支配人のよき協力者となる御差繰方《おさしくりかた》の川田小一郎……」との表現があるが、住友では今でも川田に感謝してやまない。

話変わって明治三（一八七〇）年、大阪。九十九商会が土佐藩直営の高知――神戸航路を引き継ぐ。翌四年、川田も幹部として加わった。七月に廃藩置県が断行され、九十九商会は純民間会社に組織替えする。藩邸の責任者だった岩崎彌太郎が天下って社主になった。

彌太郎はまず、配下に入ることを潔しとせぬ者の退社を促した。やる気ある者のみでやるのだ。強いリーダーシップのもとでの新生九十九商会。勇将のもとに弱卒なし。

明治六（一八七三）年、社名を「三菱商会」とする。翌年、新興三菱は満を持して本社を東京に移転、富国強兵・殖産興業の国策に沿って海運事業にヒト・モノ・カネを注ぎ込む。立ちはだかるは内外のライバル。

圧巻は明治一〇（一八七七）年の西南戦争。三菱は総力をあげて政府軍の輸送にあたる。「国あっての三菱」の本領発揮。社長独裁、即断即決、有言実行の三菱。管事として指揮をとるのは石川七財と川田小一郎。三菱は政府の期待に完璧に応えた。

川田が若き日に別子で得た知識と経験は、その後の三菱の吉岡銅山や高島炭坑の取得に活かされた。勉強熱心な川田。高島炭坑では取得後、改めて外国人技師に石炭の埋蔵状況を調査させ、自ら開発計画に関与した。

明治一五（一八八二）年、盟友石川七財が急逝する。長州閥の政府と三井の連合軍である共同運輸との、会社の存亡をかけたビジネス戦争は二年以上におよんだ。川田は昼に夜に、まさに八面六臂の活躍だった。

明治一八（一八八五）年二月、末期癌の彌太郎が無念の臨終に近づいたとき、川田は彌之助とともに枕辺に呼ばれた。

「……川田よ、もう一度盛り返したかった……あとをたのむ……」

彌太郎の没後、川田らの根回しにより状況は急展開、ほどなく競合二社は合併することになり「日本郵船」が誕生した。三菱は海運事業を切り放し「海から陸へ」転戦する。看板も「三菱社」にした。社長の彌之助を援ける管事の川田は、炭坑、金属鉱山、造船といった近代国家の基幹産業への集中的な投資を推進する。結果、三菱は、明治日本と軌を一にして発展、一大産業資本に成長していった。

川田は岩崎家にとってパートナーともいうべき特別な存在だったが、明治二四（一八九一）年に久彌がアメリカ留学から戻り彌之助のもとで副社長につくのを見届けると、あっさり三菱の管事を退いた。若き日の別子でもそうだったが、大局をつかむとともに、退くタイミングを知っている川田だった。

川田は日銀総裁も務めている。明治一四（一八八一）年、大蔵卿になった松方正義は、維新以来のインフレ克服のために緊縮財政と増税を実施した。翌年には日本銀行を設立、紙幣発行権を集中し銀兌換《だかん》制度の確立をめざした。

それから七年、その松方が、黒田清隆内閣での大蔵大臣のとき、こう考えた。

「日銀は近代日本の根幹。大局を見ることのできる強い総裁を据える要がある。薩長の寄り合い所帯である元老や閣僚に対して毅然として意志を通すことのできる人物。となると、岩崎彌太郎とともに三菱の今日を築いた川田小一郎しかいない」

土佐藩出身の川田は、明治三（一八七〇）年の九十九商会の発足以来、石川七財とともに、飛車と角のように彌太郎体制を支えてきた。とくに海運を仕切っていた石川七財が明治一五（一八八二）年に他界してからは、彌太郎・彌之助両社長の公私にわたる補佐役、経営幹部として重きをなした。三菱と共同が合併して日本郵船が発足する際には、井上馨や伊藤博文、松方正義ら同床異夢の政府高官たちの根回しをやってのけた。

川田が松方の強い推薦で日銀の第三代総裁に就任したのは明治二二（一八八九）年だった。川田は歴代の総裁の中で最もスケールの大きい総裁だったといわれる。経済もわかる。計数にも強い。しかも確かな国家観を持っている。

行員たちは川田の博識と鋭敏な感性に脱帽した。ほとんど日銀に出勤せず、行員を自宅に呼びつけて報告させ指示した。松方の後任の渡辺国武蔵相も川田邸まで出向かざるを得なかった。「日銀の法王」といわれた川田は、明治二三（一八九〇）年の恐慌を乗りきり、日銀の中央銀行としての機能を確立した。日清戦争の資金調達もやった。かたわら機構改革や支店網の拡充、人材の登用など、日銀内部の問題もきめ細かくさばいた。

ところで、現在の日銀の本館は川田総裁のときに建設されたものだ。「……今日では広壮華美だと見られても、一〇年後には普通堅牢《けんろう》の建物になる」と、川田は巨額の建築費を惜しまなかった。設計はジョサイア・コンドルの弟子でのちに東京駅も設計した辰野金吾。

本館建設の日銀の担当者はのちに日銀総裁・蔵相・首相にまでなった高橋是清だった。ペルーの銀山開発に失敗して浪人同然の生活をしていたところを川田に目を付けられ入行した。これだけでも川田の功績は大きい。

大した学歴のない川田は偏見がなかった。広く人材を登用し、有能な者は海外に留学させたり高等商業（現一橋大学）に国内留学させるなど、人材の育成に意を払った。

明治二三（一八九〇）年、帝国議会開設と同時に貴族院勅撰議員となり男爵を授けられた。翌年には三菱の管事の肩書きを返上。ワンマン総裁七年目の明治二九（一八九六）年、六〇歳で急逝した。

最後に川田の長男・龍吉について。龍吉はスコットランドで船舶工学を学び、日本郵船に勤務、横浜船渠（のちの三菱重工業横浜造船所）の社長になった。最後は経営不振の函館船渠に招かれて辣腕を振るった。函館近郊に農場を建設、スコットランドのじゃがいもの味が忘れ難く北米原産の種いもを輸入して植えた。北海道の地に馴染んだそのいもは、後日、川田男爵にちなんで「男爵芋」と呼ばれるようになった。

ウォルシュ兄弟——ビジネスパートナー

三菱史料館にある岩崎彌太郎の最も古いビジネスレターは、開成館長崎出張所時代のものだ。慶応四(一八六八)年、ウォルシュ商会との昆布の取引について大村屋正蔵に確認している。ジョン・ウォルシュ、アメリカの典型的な冒険商人だ。

安政五(一八五八)年、インドや中国を舞台に活躍していたジョンが長崎にやってきて商館を開いた。機械や武器や船舶をもたらし、生糸や茶や樟脳を買い付ける。エネルギッシュなジョンはアメリカの権益代表的な存在になり、アメリカの初代長崎領事に任命された。兄のトマスは遅れて来日、長崎に見切りをつけ、横浜や神戸に商館を開いた。文久二(一八六二)年にはウォルシュ・ホール商会を設立、グラバーを先兵とするイギリスのジャージン・マセソンと競う大手貿易商社となった。商館は横浜・神戸とともにアメリカ人居留地一号館にあったので「亜米一《あめいち》商会」とも呼ばれた。

明治四(一八七一)年のある日、ジョンは神戸の商館に長崎時代以来の友人である岩崎彌太郎の訪問を受けた。

「実は……弟の彌之助をアメリカに留学させたいのだが……」

彌太郎はそのころ土佐藩の大阪藩邸の責任者だった。九十九商会を指揮・監督する立場でもあった。西長堀の藩邸を根城に勉強に励む若者たちには、これからは世界が相手だと英語を学ばせていた。彌之助もその一人だった。

ジョンのお蔭で彌之助の二年弱のアメリカ留学が実現した。ウォルシュ家では両親や弟妹が、大西洋の東ではなく太平洋の西からはるばるやってきた留学生を、英語の勉強と社会見学を兼ねて引き回した。その後、彌之助をコネチカット州の田舎にある全寮制の学校に送り込んだ。そこは、二四時間英語の世界。アメリカ人の物の考え方にも慣れてくる。

彌之助は新世界での体験を実況放送的に彌太郎に報告した。彌太郎も必ず返事を書いた。たとえば、

「只々貴様の学業成就の上、帰国致し候を指折り相待ち居り候……只貴様一身の養生息災に日を送り候ことを祈り候」

と弟を思いやった上で、

「このたびは御地ウオロス（ウォルシュ）氏の妹へ、小さき花細工を相贈り申し候」

とファミリーに気を遣っている。彌太郎が花細工を買う様は、なぜか土佐の高知の坊さんが簪《かんざし》を買う様を想起させる。

ウォルシュ兄弟は、貿易にあきたらず、明治八（一八七五）年、木綿ボロのパルプ工場を神戸に建設した。製紙原料となるボロ布をパルプにした上で輸出するという発想は良かったが、採算には合わなかった。であれば、最終製品である紙を日本で作ろう。彌太郎から資金を借りて製紙プラントを導入した。しかし経営の苦しさは変わらず、累積赤字は容易に解消しなかった。明治二一（一八八八）年には、借入金を資本金に振り替える形で岩崎家の資本参加を仰いだ。明治も半ばを過ぎた明治三〇（一八九七）年、ジョンが急死した。日本に来てから四〇年たっていた。七〇歳を超した兄のトマスは大いに落胆し、帰国を決意した。久彌はかねてからの約束に従い、製紙会社におけるウォルシュ兄弟のすべての権利を買い取った。

ウォルシュ兄弟と岩崎家の付き合いは、彌太郎、彌之助、久彌と岩崎三代に跨るものだった。トマスは、

「……晩年を平穏に過ごせるのは日本でのあなた方の友情のゆえ」

と、心のこもった手紙を久彌に残している。

岩崎家の経営となったこの製紙会社は、やがて最新の技術による工場を建設、今日の三菱製

紙にいたる道を歩み出したのだった。

荘田平五郎──福沢の懐刀

荘田平五郎が豊後の臼杵藩（現在の大分県臼杵市）に生まれたのは弘化四（一八四七）年である。六年後にペリー来航、さらに五年後の安政五（一八五八）年には日米修好通商条約が締結された。

洋学奨励の布告が出て、諸藩は漢学一辺倒を改め子弟を長崎や大阪の洋学塾で勉強させるようになった。藩校で抜群の秀才だった荘田も慶応三（一八六七）年、一九歳のときに、選抜されて江戸の英学塾、青地信敬《しんけい》塾に入門した。時は幕末も幕末。荘田は一時薩摩藩の開成所に転じ、明治維新成って明治三（一八七〇）年、二三歳で再び上京し念願の慶應義塾に入塾した。福沢諭吉が蘭学塾を創始したのは安政五（一八五八）年、英学塾に転向したのが文久三（一八六三）年、慶應義塾と命名したのが慶応四（一八六八）年である。

福沢は荘田の卓抜した識見と才能を早々に見抜き、四カ月後には荘田を義塾の教師待遇とした。荘田はやがて義塾分校設立のために大阪、京都に派遣され、そこで「学問と算盤《そろばん》の両刀使い」ぶりを十分に発揮し福沢の期待に応えた。それゆえに荘田に対し実業界入りを熱心に説く人もいた。

荘田は明治七（一八七四）年、三田に戻り、再び慶應義塾で教鞭をとることになった。そのころは、たとえば「Check」や「Invoice」などの単語に、誰でもわかる的確な訳語がまだなかった。義塾では紋付羽織に角帯をしめ諄々と説くように講義する荘田だったが、学生たちにいかにそれらの概念を理解させるか、しばしば教壇で考え込んでしまったという。大阪では実務にもセンスのあることを示した荘田だったが、要するに根が真面目だったのだ。

その荘田が明治八（一八七五）年二月、嘱望されて三菱に入ることになった。岩崎彌太郎の従弟で慶應の卒業生でもあった豊川良平がリクルートしたといわれているが、有能な人材を実業界に供給するのが慶應義塾の役目と心得ていた福沢諭吉が、岩崎彌太郎を卓抜した実業家として一目も二目も置いていたことが根底にある。荘田自身も、自分の才能を実業界で試したい気持ちが強かった。

三菱での荘田の最初の大仕事は「三菱汽船会社規則」の策定だった。明治八（一八七五）年五月発表された。三菱が政府の海運助成を受けるためにやむを得ず整えた会社規則だが、その冒頭の「立社体裁」で、「当商会は……まったく一家の事業にして……ゆえに会社に関する一切のこと……すべて社長の特裁を仰ぐべし」「ゆえに会社の利益は全く社長の一身に帰し会社の損失また社長の一人に帰すべし」と、社長のワンマン体制であることを宣言した。当時、渋沢栄一が株式会社の概念を導入し、「資本を幅広く集め多くの人材が知恵を絞り合ってこそ事業の発展がある」と主張していたことを意識、「すべては社長が決める。リスクは社長一人が負う」との彌太郎哲学を会社規則の第一条と第二条に盛り込んだ荘田、苦心の作である。

商業資本の三井や住友は番頭が取り仕切っていたので、渋沢の提唱する株式会社の概念を受け入れやすかったかもしれないが、三菱は岩崎家の当主が自ら強烈な個性でリードする会社である。社員は主君を立て義を尊ぶ武士の規範を色濃く残す。その集団のルールを「三菱汽船会社規則」として、ピシッとまとめた荘田、理想と現実の整合に工夫を凝らす福沢門下生の面目躍如だった。

「三菱汽船会社規則」を策定した荘田平五郎は、さらに二年後に経理規程ともいうべき「郵便汽船三菱会社簿記法」をまとめた。これにより三菱は、大福帳経営を脱して、福沢諭吉が明治六（一八七三）年に「帳合之法」で提唱した複式簿記を採用、順次近代的な経営システムを確立していく。

初期三菱の経営戦略を担った荘田は、東京海上保険会社、明治生命保険会社の設立に関わり、第百十九国立銀行を傘下に入れ、東京倉庫会社を設立するなど、さまざまな分野への進出を図った。明治一八（一八八五）年の日本郵船設立に際しては三菱側代表として創立委員になり理事に就任した。翌年、三菱が海運以外の事業を目的として「三菱社」の名で再発足するときに本社支配人として復帰、のち管事となり新生三菱を指揮した。

明治二二（一八八九）年、荘田はイギリスの造船業界などの実情視察のために外遊した。当時の出張は船旅である。短くても半年。一年におよぶことも多かった。ロンドンに着きだいぶたったある朝、荘田はホテルの部屋で開いた新聞のコラムに、

「日本政府、陸軍の近代的兵舎建設のために丸の内の練兵場を売りに出すも買い手つかず」

とあるのを発見した。突然閃くものがあった。そうだ、日本にもロンドンのようなオフィス街を建設すべきだ。皇居の前に開ける丸の内こそその場所だ。荘田は彌之助に、

「丸の内、買い取らるべし」

との電報を打った。前にも述べた通り、後日、彌之助が松方蔵相と合意した額は一二八万円。当時の東京市の年度予算の三倍だった。

荘田の功績に長崎造船所の改革がある。長崎造船所は明治二〇（一八八七）年に払い下げられた。明治二八（一八九五）年に日本郵船が欧州航路の開設を決定したが、社外取締役の荘田

の主張で新造船六隻のうち一隻は長崎造船所に発注された。『常陸丸』六一七二トン。それまでの最大建造実績は『須磨丸』の一五九二トンだから技術的にも大変なジャンプである。

明治三〇（一八九七）年に造船奨励法が公布され、修繕船から脱皮し新造船を事業の中核にするのだという明確な意識を持った久彌社長は、本社の管事として全事業を指揮する立場にあった荘田をあえて長崎造船所長に任命した。荘田は勇躍長崎に赴き、積極的な設備拡充を図り、貨客船や軍艦などその後の大型船建造の道を拓いていった。

荘田の近代化はハード面だけではなかった。「傭使人《ようしにん》扶助法」「職工救護法」など労務管理制度を確立、所内には工業予備校を設立し自前で職工の養成を図るようにした。また、造船における厳しい原価計算の概念を導入した。今では当たり前のことだが、当時の日本企業には製造原価など工業簿記の概念はなかった。

荘田は明治三九（一九〇六）年まで長崎造船所の所長を務め、また永らく管事として彌太郎、彌之助、久彌の三代を支え、明治四三（一九一〇）年に引退した。豪傑肌の人物が多い明治の三菱の経営者たちの中にあって、類を見ない英国風のジェントルマンで、生涯を通して「組織の三菱」といわれるような近代的なシステムづくりに貢献したといえる。

その後、荘田は明治生命保険会社の取締役会長になった時期もあったが、晩年は受刑者の社会復帰事業に協力したり聖書の勉強をしたりの静かな日々を送り、大正一一（一九二二）年に七四歳で他界した。妻は彌太郎の姪・藤岡田鶴である。

豊川良平――三菱の蔵相兼外相

豊川良平は嘉永五（一八五二）年、土佐藩の町医者の家に生まれた。従兄の岩崎彌太郎は一七歳年上。豊川の父と彌太郎の母が兄妹だ。幼いときに両親が亡くなり、岩崎家に引き取られて彌太郎や彌之助と兄弟同様に育った。藩校の致道館では漢学を学んだ、というより腕白の限りを尽くした。大阪では彌太郎のいる土佐藩邸に居候し「英語を勉強した」ということになっているが、それで納まっていたとは考えにくい。彌太郎が三菱商会を率いて東京に進出すると、豊川も意気揚々と上京、慶應義塾に入った。

慶應義塾でも土佐弁丸出しで、天真爛漫ぶりを発揮した。当然成績はよろしくなかった。が、なぜか彌太郎の信頼が篤かった。卒業の年に彌太郎の長男の久彌が慶應の幼稚舎に入ると、三田の下宿に同居して生活を指導するよう頼まれている。

豊川はもともと「小野春彌」といったが、あるとき一念発起して豊川良平と改名した。繰り返しになるが、豊は豊臣の豊、川は徳川の川。良は張良、平は陳平（ともに漢の高祖の功臣）

からとった。そんなことが可能な時代だった。後年、後藤象二郎が豊川の名前のいわれを聞いて、「まるで酒と水と酢と醤油を一緒にしたようなものではないか」とあきれた由だが、案外豊川の本質をついているかもしれない。

慶應義塾を出ると言論活動に身を投じ、犬養毅らと『東海経済新報』を創刊した。明治一二（一八七九）年に三菱に入社、三菱商業学校や夜間学校である明治義塾の運営に携わり、時にはピンチヒッターであやしげな英語を教えたりしながら、組織や時間に縛られない生活をエンジョイした。

しかしこのフリーな生活の中で、荘田平五郎、加藤高明（政界に転じのち首相）、山本達雄（日銀へ移りのち総裁）、吉川泰二郎（のち日本郵船に転じ社長）といった人材に声をかけ、三菱にリクルートしているのだからすごい。自由な、さまざまな人との関わりの中で、若い才能を見極める眼力を養い蓄えていたのだ。

永らく続いた景気がかげりを見せ、明治一〇年代後半になると海運も不況に陥った。荷為替貸付を行なっていた三菱為換店は業務縮小を余儀なくされついに明治一八（一八八五）年廃業となった。一方、臼杵藩士たちが設立し経営が行きづまった第百十九国立銀行を、同じ武士の窮状を見過ごし得ずと彌之助が買収した。頭取には旧三菱為換店の元締だった肥田昭作をあてた。不況下でダンピング合戦に突入していた三菱と共同運輸は、政府の斡旋で合併し「日本郵船」となった。

海運事業を切り離した三菱は明治一九（一八八六）年に「三菱社」を設立、豊川良平は本社事務に任用された。自由だった豊川の生活は一変、やがて肥田の跡を襲って第百十九国立銀行の頭取になる。銀行の実務に疎い豊川は、日常業務は一〇〇パーセント信頼する生え抜きの三村君平にまかせた。

明治二八（一八九五）年になって、新たな銀行条例を踏まえて三菱合資会社に銀行部が創設され、豊川が部長に就任、第百十九国立銀行を吸収合併した。銀行部は、富国強兵・殖産興業の国策に沿って展開する三菱合資会社の事業と、裏と表の関係にあった。世間の信用は高まり、預金は大幅に伸び、産業銀行的役割を担った。それは、豊川の広い視野と三村の堅実さがうまく機能した結果だともいわれる。

豊川良平は土佐っぽそのもの。豪放磊落。三菱の幹部になってからも土佐弁丸出しで、慣れない人にはなかなか聞き取れなかった。しかも話は要領を得ない。が、いつの間にかややこしい話をまとめてしまう。明るい酒。気配りの酒。義侠心に富み包容力がある。そんな豊川を、「雄弁を振るうことはできなくとも座談に長じた人」

と荘田平五郎は評している。

金融業界では新参者だった豊川だが、その人柄のゆえに、いつしか業界のリーダー的存在になっていった。銀行倶楽部委員長、手形交換所委員長などの公職も引き受けた。

豊川は、慶應の幼稚舎に通う一三歳年下の久彌の生活指導をして以来、久彌の後見役を任じていた。彼と保科寧子との縁談にも豊川が終始付き添い、

「もう後戻りできませんぞ」

と久彌に念を押しながら、保科家や寧子の母の実家である伊達家に赴いたという。

豊川の活動は金融だけではなかった。日本郵船、猪苗代水力など多くの会社・事業に関与し、

「二×二が四では現状は打開できない。二×二を五にする工夫をしろ」

というのが口癖だった。

人との付き合いを必ずしも得意としない久彌社長に代わり、三菱の代表として縦横無尽に財界活動を行なった。「三菱の大蔵大臣兼外務大臣」ともいわれながら築いた人脈は多彩で、大隈重信や渋沢栄一といった大物の信頼も篤かった。明治四三（一九一〇）年には荘田の跡を継いで管事になった。

豊川は大正二（一九一三）年に三菱をやめた。東京市議になって政治家志望だった若いころ

の夢を実現し、やがて貴族院議員になった。三菱合資会社の銀行部は大正八（一九一九）年に三菱銀行として独立し新たな段階に入ったが、豊川はそれを横目で見ながら、翌九年、六八歳で病没した。

豊川は、日ごろ自分の子どもたちに、

「お前たち、三菱に入ろうとは思うなよ。三菱では岩崎を超えられぬ。自力で道を拓け」と言っていた。とはいえ、長男の順彌が東京高等工業学校（現東京工業大学）に入ると各地の三菱の工場を見学させるなど、親らしい配慮はしている。

復元されたオートモ号

その順彌は卒業を待たずに巣鴨に機械工場「白楊社」を興し、父の死の床で同意を取り付けると、遺産すべてを自動車製作に注ぎ込んだ。純国産技術で完成させた『オートモ号』は、東京――大阪間の四〇時間ノンストップ走行に成功した。日本最初の「量産自動車」となり、生産台数は当時としては破格の三〇〇台を記録した。大正一四（一九二五）年には上海向けに輸出され、日本最初の「輸出自動車」にもなった。

しかし事業としては成功しなかった。豊川の遺産を使い果たしたとき、白楊社は倒産した。が、先祖の姓・大伴を冠した『オートモ号』は歴史にその名を残した。空冷直列四気筒、九四三cc。現物は残っていないが、近年、図面をもとにトヨタ博物館と国立科学博物館が共同で復元し、走らせることに成功した。

近藤廉平——日本郵船の巨人

日本郵船に二六年余り社長を務めた男がいる。三代目社長の近藤廉平である。明治二八(一八九五)年から大正一〇(一九二一)年まで。日清戦争、日露戦争、第一次大戦などをはさんで、近代日本がダイナミックに発展した時期である。日本郵船は欧州航路・北米航路・豪州航路と悲願の三大航路を開設し、世界の海に白地に赤い線二本の「二引《にびき》の旗」をなびかせた。

近藤は嘉永元(一八四八)年、阿波の医者の家に生まれた。はなたれ小僧のころから血の気が多く、医者になって病人の面倒を見る気などさらさらなかった。がむしゃらに剣を学び、がむしゃらに儒学を学んだ。東京では大学南校に学んだ。明治四(一八七一)年に同郷の大蔵省官吏・星合常恕《つねひろ》の書生兼護衛として高知に赴いた。このことが縁で近藤は後日、星合から岩崎彌太郎に預けられることになった。

彌太郎の指揮下に入った近藤は、大阪の岩崎邸内の英語塾で勉強するかたわら学生の監督をし、やがて三菱の実務に携わるようになった。近藤の卓抜した能力に着目した彌太郎は、「好漢惜しむらくは実務を知らず」とあえて厳しく接し、ビジネスマンの心得を一から学ばせた。近藤は二五歳で吉岡鉱山の事務長代理として赴任、鉱区に関する係争や採掘現場の諸問題を解決し、かつ思いきった合理化で、不採算だった鉱山を優良事業に変身させた。

明治一一（一八七八）年、東京に呼び戻され、西南戦争後の反動不況の中、船舶運航や荷物受渡あるいは支店運営などあらゆる分野の無駄を洗い出して海運事業の合理化を図った。まさに「ミスター合理化」。明治一五（一八八二）年には長崎の高島炭坑に山脇正勝事務長の補佐として赴任、後藤象二郎の蓬莱社《ほうらいしゃ》が経営していたころからの諸問題を信賞必罰主義でばっさばっさと片づけた。

三菱の海運独走を阻もうと明治一六（一八八三）年に共同運輸が発足し壮絶なビジネス戦争が勃発すると、三菱は横浜支配人に近藤を据え、神戸支配人の吉川泰二郎とともに鉄壁の砦を築いた。両社二年以上譲らず体力を消耗し尽くしてわが国の海運事業は壊滅寸前。

前にも述べた通り、明治一八（一八八五）年に政府の仲介で共同・三菱は合併した。新会社日本郵船の初代社長には共同の森岡昌純がついたが、二代目は三菱の吉川。三代目には近藤が四六歳で就任したのだった。

以来四半世紀、近藤は不動の日本郵船社長だった。花柳界ではいつしか「社長」といえば近藤のことを言うようになった。所有船舶は六〇〇〇〇トン級だけでも一八隻を数え、日本郵船の船は常時世界の海を行き来していた。ただし、それらは一朝事あればお国のために徴用される運命にあった。最初の国産大型船『常陸丸』は、日露戦争において乗組員一〇三人、兵員九六三人を乗せて日本海で撃沈された。琵琶の名曲「ああ、常陸丸」で国民の涙を誘い、戦意高揚のための映画や軍歌にもなった。

近藤は根っからの国際人だった。即興でジョークを交えた英語の挨拶ができた。ヴェルサイユの講和会議後のパーティーでは、カタコトのフランス語を試み一座の人気者になる。しかし、大正一〇（一九二一）年、連日の宴席で風邪をこじらせあえなくも他界する。七二歳。趣味豊かで、謡曲、能、書画、骨董などに造詣が深かった。妻の従子《じゅうこ》は豊川良平の妹、すなわち彌太郎の従妹である。

ジョサイア・コンドル——明治の洋館

尊王攘夷を主張していた長州藩の井上馨や伊藤博文たちがひそかにイギリスに渡って世界を垣間見ていたことはグラバーの項で述べた。明治になり、その長州の精鋭たちが日本をリードする世となった。井上外務卿が「不平等条約の改正のためには日本が物心ともに欧化する要がある」と考えた原点が、若き日のイギリスでの見聞にあったことは容易に想像される。まずは上流階級の風俗・習慣が欧化されなければならない。英語を話し外交官など外国の賓客とダンスなどに興じるのだ。その場所として立派な洋館が必要だった。

明治一六（一八八三）年、鹿鳴館が日比谷に完成した。赤い絨毯、きらめくシャンデリア、西洋音楽、紳士淑女の華やかな衣装、交錯するカクテルグラス、甘美な社交ダンス……。井上が頭に描いたものが現実となった。設計は工部大学校造家学科（東京大学工学部建築学科の前身）の教官として招聘した「お雇い外国人」ジョサイア・コンドルだった。

コンドルはロンドン大学で学び、ゴシック建築の権威であるパージェスの設計事務所で腕を磨いた。明治九（一八七六）年、王立建築学会の若手登竜門ともいうべきソーン賞設計コンペで優勝、その翌年、日本政府の招聘を受け二四歳で来日した。来日するや彼は教鞭をとるかたわら数多くの洋館の設計に着手、学生は教室での勉強だけでなく実際の西洋建築の設計・施工に携わることができた。築地訓盲院、工部大学校の南門と門衛室、開拓使物産販売捌所《さばきどころ》本館……。コンドルはただ単に西洋建築を設計するのではなく、その土地の文化も採り入れた洋館の設計に努め、アラベスクなど東洋的なイメージも積極的に採り入れていった。

鹿鳴館はルネッサンス風の二階建て。インドなどイギリスの植民地に多いバルコニー付きの建物で、良く手入れされた庭とセットになっていた。そこでは夜な夜な盛大なパーティーが繰り広げられ、のちに「鹿鳴館時代」という言葉を生んだほど一世を風靡した。しかし不平等条約改正交渉はうまくいかず、やがて井上馨が失脚すると、鹿鳴館は一気にその役割を失った。わずか三年余の日本外交のあだ花だった。鹿鳴館は明治二三（一八九〇）年に宮内省に移管され、のち華族会館になり、やがて保険会社に売却され、昭和一五（一九四〇）年に解体された。

鹿鳴館はあだ花だったかもしれないが、日本の近代建築に残したコンドルの足跡は不滅である。明治一六（一八八三）年に教え子の辰野金吾が四年間のイギリス留学から帰ると、コンドルは工部大学校教授の座を譲り工部省に移った。明治二一（一八八八）年に退官して設計事務所を開設、岩崎家の邸宅のほか、数多くの「明治の洋館」を設計した。三菱の顧問にもなり、丸の内ニュータウンの建設も手がけた。

しかしコンドルの真価が発揮されたのは工部大学校での教育・人材育成であろう。日本銀行本館や東京駅などを設計した辰野金吾、のちに赤坂の迎賓館を設計した片山東熊《とうくま》、慶應義塾大学図書館や長崎造船所の迎賓館「占勝閣」を手がけた曽根達蔵など、錚々たる建築家群を育て上げ、日本の近代化に大きく貢献した。

東大の工学部の中庭には、大正一二（一九二三）年に建てられたコンドルの銅像がある。その長身の銅像の存在を知る学生は多いが、どんな人だったか関心を持つ者は少ない。嗚呼……。

さて、工部大学校の建築の教官として明治一〇（一八七七）年にイギリスから来日したコンドルは、日がたつにつれ日本文化に傾倒していった。日本画は河鍋暁斎《きようさい》に師事し「暁英《きようえい》」の雅号で多くの作品を残した。日本文化の紹介本も多く、暁斎の没後出版された『Paintings & Studies by Kawanabe Kyosai』は、暁斎を西洋人の間で広重・北斎並みの有名人にした。

建築家コンドルには、初期では上野博物館や鹿鳴館などの代表作があり、独立してからはニコライ堂、横浜山手教会、三井家倶楽部、島津忠重邸（現清泉女子大学）、古河虎之助邸（現古河庭園）などがあるが、明治二二（一八八九）年の岩崎家深川別邸（のち関東大震災で焼失、現清澄庭園）から明治四三（一九一〇）年の岩崎家霊廟にいたるまで、岩崎家ないし三菱関係のものが多い。

明治二三（一八九〇）年にはコンドルは三菱の顧問になり、丸の内の原っぱにロンドンのような近代的ビジネス街を建設することになった。丸の内建設事務所の主任技師には工部大学校時代の教え子である曽根達蔵が招かれた。

コンドルと曽根は、三菱の管事である荘田平五郎と丸の内オフィス街の基本構想について議論し、「一二〇間（約三六メートル）の道路に合わせ、建物は軒の高さ五〇尺（約一五メートル）の三階建て赤煉瓦造りとし、その上に急勾配のスレート葺き屋根を付ける」ことにした。入口ごとに独立したユニットになっている棟割長屋方式である。三菱一号館は明治二七（一八九四）年に竣工した。以後、二号館、三号館と続き、やがて「一丁倫敦」と呼ばれるロンドン風のオフィス街が形成されていった。高度経済成長期の昭和四四（一九六九）年に三菱商事ビルに建替えられた三菱一号館は、丸の内再構築第二ステージの目玉として平成二一（二〇〇九）年に復元された。

コンドルの手がけた三菱の仕事は、邸宅にも名作が多い。深川別邸のほか、岩崎久彌邸、岩崎彌之助高輪別邸、同箱根湯本別邸、それに岩崎家霊廟など枚挙にいとまがない。

岩崎久彌邸は「茅町本邸」ともいわれ、久彌が留学していたアメリカの東海岸すなわち「風と共に去りぬ」の舞台のイメージを盛り込んで木造に設計し直した。関東大震災にも東京空襲にも無事だった運の強い洋館だ。戦後は国の所有となり、現在は東京都の「旧岩崎邸庭園」として公開されている。

岩崎彌之助高輪別邸は現在の開東閣（三菱グループのゲストハウス）である。伊藤博文の屋敷があった高輪の高台に洋館の設計・施工監理をした。完成を待ちきれない彌之助は、駿河台から敷地内に移築した日本家屋に移り住んで洋館の完成する日を指折り数えたが、癌の進行は待ってくれなかった。彌之助の無念を知るコンドルは、のちに心を込めて玉川の岩崎家の霊廟を設計した。

コンドルの愛妻・くめは若き日の日本舞踊の師匠である。コンドルを日本文化にのめり込ませた張本人かもしれない。そのくめが亡くなったわずか一一日後に、コンドルは跡を追った。脳溢血。大正九（一九二〇）年だった。二人は文京区音羽の護国寺に葬られている。

加藤高明――護憲三派内閣

政治家の評価は難しい。が、どうしても語っておきたい人が二人いる。加藤高明と幣原喜重郎だ。ともに外交官から外務大臣に抜擢され、政界に転じてついには首相になった。頂点に立った時期は二〇年ずれるが、二人とも岩崎彌太郎の娘を妻としている。まずは加藤について述べよう。

四季折々の花が香る名古屋の鶴舞公園に、野外ステージ「普選記念壇」がある。正面に「五箇条の御誓文」が掲げられ、何やら場違いな感じがしないでもないが、実は護憲三派内閣の首相となった加藤高明が、大正一四（一九二五）年に普通選挙法を成立させたことを記念して建設されたものである。国税を三円以上納付した男性に限定されていた選挙権はこれにより二五歳以上の男性すべてに開放され、有権者数は一気に四倍になった（女性にも参政権が与えられるのは終戦後の昭和二〇年である。このときの首相は奇しくも義弟・幣原喜重郎だった）。

加藤は万延元（一八六〇）年、尾張藩の下級武士の家に生まれた。東京大学法学部を卒業すると郵便汽船三菱会社に入り、明治一六(一八八三)年にイギリスの海運業を学ぶためロンドンに留学した。明治一八(一八八五)年に帰国して三菱に復帰、神戸支社副支配人となり、のちの合併で日本郵船へ。翌年、岩崎彌太郎の長女・春路と結婚した。イギリス留学で垣間見た国際舞台を忘れられず、ロンドンで知遇を得た陸奥宗光に働きかけて推薦を得、明治二〇(一八八七)年に外務省に入った。

加藤は持ち前の明晰な頭脳と剛直な性格に加え、運にも恵まれた。間もなく義父・岩崎彌太郎に理解のあった大隈重信が、黒田清隆内閣で外務大臣になった。加藤は大隈の秘書官として登用され希望通り国際舞台に踊り出ることができた。外交官としてのその後は順風満帆で、やがて駐英公使となり日清戦争後の日英関係の好関係樹立に尽力、明治三三(一九〇〇)年には第四次伊藤博文内閣で外務大臣になった。このとき四〇歳。

かくして政界に足を踏み入れることになり、かたわら東京日日新聞の社長も務めた。明治四一(一九〇八)年の桂太郎内閣のとき加藤は駐英大使に転出したが、時代の節目節目で外相を務め、第一次大戦後は「対華二一カ条の要求」など強気の外交政策を主導した。大正五(一九一六)年には憲政会総裁になり、大正一三(一九二四)年五月の総選挙では、高橋是清の政友会、犬養毅の革新倶楽部とともに第二次憲政擁護運動を展開、三政党で過半数を獲得した。第一党となった憲政会の加藤が首相になり、「護憲三派内閣」を組織した。

「護憲三派内閣」は、まずは貴族院の力をそぐ政治改革を断行、次に、懸案の「普通選挙法」を成立させ財産による選挙権の制限を撤廃し歴史に名を残した。一方では無政府主義や共産主義勢力の台頭を抑えるため「治安維持法」も成立させている。

大正一四（一九二五）年に成立した第二次加藤内閣は憲政会の単独内閣だったが、加藤は体調を崩して首相の座を若槻礼次郎に譲らざるを得なかった。二日後に肺炎で急逝。毀誉褒貶いろいろある政治家だったが、明治から大正にかけて、激動の時代の日本を動かした、存在感のある政治家だったことには異論がない。

幣原喜重郎――シデハライズム

「朕ト爾等国民トノ間ノ紐帯《チユウタイ》ハ終始相互ノ信頼ト敬愛トニ依リテ結バレ、単ナル神話ト伝説トニ依リテ結バレタルモノニ非ズ。天皇ヲ以テ現御神トシ且日本民族ヲ以テ他ノ民族ニ優越スル民族ニシテ延《ヒイ》テ世界ヲ支配スベキトノ運命ヲ有ストノ架空ナル観念ニ基クモノニ非ズ」

昭和二一（一九四六）年一月一日の、天皇自らの神格を否定するいわゆる「人間宣言」の詔書の一節である。

この詔書は日本を取り巻く厳しい環境の中で、天皇制維持のために外国の目を強く意識して幣原喜重郎首相自らまず英語で起草し、それを日本語訳して天皇が目を通したといわれる。国民とともにあることを明言した人間天皇は、神奈川県をスタートに全国巡幸を開始、敗戦で呆然自失の国民の心の支えとなった。

幣原は明治五（一八七二）年、大阪の門真《かどま》の豪農の家に生まれた。東京帝大を卒業すると農商務省に勤務したが、翌年外務省に転じ、外交官として本省と在外公館のポストを往来する。

その間、明治三六（一九〇三）年、岩崎彌太郎の三女・雅子と結婚、駐英大使館参事官、駐オランダ公使などを歴任、大正八（一九一九）年、原敬内閣で駐米大使となり、一〇年から一一年にかけてのワシントン会議をまとめ上げた。妻の姉・春路の夫で、外交官の先輩でもある加藤高明が大正一三（一九二四）年に組閣すると、請われて外相に就任した。辛亥革命では内政不干渉の立場を堅持し、国際協調と善隣友好を基調とするいわゆる幣原外交を展開、軍部からは軟弱外交と激しく非難された。

第二次大戦終戦直後に発足した東久邇内閣は五〇日で瓦解し、知米派とされる幣原喜重郎が昭和二〇（一九四五）年一〇月に首相に就任した。幣原は在任八カ月の間にGHQのいわゆる五大改革指令を実行した。五大改革指令とは、マッカーサーが口頭で指示した、①婦人参政権の付与、②労働組合結成の奨励、③学校教育の自由主義化、④秘密警察の廃止、⑤経済の民主化、などだった。①の婦人参政権の付与は、二〇年前に義兄・加藤高明が財産による制限を撤廃して男性による普通選挙を実現したが、その残り半分を実現したともいうべきものである。この際有権者の年齢も二〇歳に下げたので、有権者数は一気に五倍になった。

経済の民主化の目玉は財閥解体と農地改革だった。人生は皮肉なものである。GHQの意向とはいえ、幣原が義父・岩崎彌太郎の作り上げた三菱を解体する役目を担う。三菱本社の社長

は動脈瘤で余命いくばくもない岩崎小彌太。妻・雅子の従弟である。小彌太は、

「三菱は国家社会に対する不信行為はいまだかつてなした覚えはなく……顧みて恥ずべき何ものもない……」

と自発的解散に抵抗する。さらに皮肉なことは所管の大蔵大臣が渋沢敬三であること。渋沢栄一の孫だが、その妻・登喜子は彌太郎の孫である。幣原も渋沢も家族、親戚として茅町の本邸や小岩井の農場、大磯の別邸などによく集った岩崎ファミリーだ。三菱を守りたい思いは皆おなじ。当事者たちの苦衷いかばかりだったか……。しかしGHQの意向は如何ともし難かった。

幣原はのちに衆議院の議長も務めたが、昭和二六（一九五一）年に七八歳で急逝した。没後、幣原平和財団が設立され、国際協調を基本とする「シデハライズム」を後世に伝えている。

中村春二——成蹊学園

私学には創立者の精神を色濃く引き継いでいるところが多い。福沢諭吉の慶應義塾、大隈重信の早稲田、新島襄の同志社……。三菱にゆかりのある成蹊学園もまた創立者・中村春二の教えを受け継いだ多くの卒業生を世の中に送り出している。

明治二九（一八九六）年に東京高等師範付属中学校を卒業した三人の少年がいた。中村春二、著名な国文学者・中村秋香の長男。今村繁三、今村銀行の御曹司。それに岩崎小彌太、三菱財閥の二代目社長・岩崎彌之助の長男である。入学したときの校長は山川浩男爵で会津武士の末裔。途中で代わった嘉納治五郎校長は講道館の開祖。ともに武士道の精神を説いた。多感な少年たちは当然影響を受けた。

中村と岩崎は第一高等学校に進み、哲学にふけり、人間性を探求し、自由主義、個人主義の理想に燃えた。その後中村は東京帝国大学の国文科に進んだ。岩崎は同じく英法科に進んだが中退してケンブリッジ大学に留学した。そこには、中学を卒業するとすぐイギリスに留学した今村がいた。

中村は帝大を卒業すると嘉納校長の招きで母校の教壇に立つ。単なる授業だけでなく教え子の生活全般に体当たりで接する中村は、さらに一歩進めて学生塾を持ちたいと考えるようになった。

イギリスから戻り家業の銀行を継いでいた今村が資金提供を申し出た。イギリスの個性を尊重する教育に心酔していた今村は、中村の追い求める理想に共感したのだった。明治三九（一九〇六）年、本郷区（現文京区）西片町の中村の自宅に学生塾成蹊園が発足した。

「成蹊」は、すでに述べたが司馬遷の「桃李もの言わざれども下おのずから蹊を成す」から来ている。徳のある人のところには自然に人が集まるという意味である。

明治四一（一九〇八）年、イギリスから帰国して三菱合資会社の副社長になっていた岩崎小彌太も中村支援に加わった。人格・学問・心身にバランスのとれた人間教育の実践。中村は駒込富士前町に宿舎を移し、今村と岩崎のさらなる支援を得ると、池袋に成蹊実務学校を設立した。岩崎の支援は資金だけではなく社会への橋渡しもあった。三菱は多くの成蹊卒業生を積極的に受け入れた。中村にあてた書状に、

「本年度卒業生採用の件、ほぼ決定の運びと相成り候ところ……その中の一、二名は三菱以外

の会社にて採用する方が学校の将来の為に良からんと判断、郵便会社に一名、横浜正金銀行に一名採用の交渉致すことと致し候……」

とある。

元成蹊実務学校校長の児玉九十《くじゆう》によると、中村は教職員に「平凡に徹底すること」を説いた。個性を育てるという高邁な理想の実現には日ごろが大切という意味である。大正に入って、中学校、小学校、実業専門学校、女学校が創立され、大正八（一九一九）年には財団法人成蹊学園が設立された。が、好事魔多し、吉祥寺に八万坪の土地を得て移転するという大正一三（一九二四）年の初め、中村は病没してしまう。四六歳の若さだった。

しかし、中村の理念はしっかり受け継がれた。緑多い武蔵野のキャンパスで、成蹊学園は自由主義、個人主義をモットーに、多くの豊かな個性を育み、多彩な人材を世に送り出してきた。それは小学校から大学院までの総合学園になった今日も変わらない。

岩崎俊彌――旭硝子の創設

旭硝子を創業した岩崎俊彌は彌之助の次男。母の早苗は後藤象二郎の長女である。兄の小彌太とは二歳違い。明治一四（一八八一）年に生まれた。長子相続の時代。どこの家でも長男と次男以下とでは待遇に雲泥の差があったが、岩崎家ではこと教育に関しては機会を均等に与えた。俊彌は小彌太の跡を追って学習院に入り、のち東京高等師範学校付属小学校に転じ中学校に進んだ。

駿河台の彌之助邸には実業家、政治家、芸術家、その他もろもろ大勢の人が出入りしていたので、父は二人のために学寮を設けた。人格・学業ともに秀でた書生のもとで規則正しく生活し、週末以外帰宅は許されない。質素剛健、清貧を旨とする。

明治二九（一八九六）年に父の彌之助が日銀総裁になると、俊彌は小彌太とともに、留学帰りの若手行員のアメリカ人妻について、英会話と欧米流のマナーを学んだ。そして第一高等学校に進んだのち、明治三三（一九〇〇）年に中退してロンドン大学に留学、応用化学を専攻した。ケンブリッジ大学では小彌太が歴史や政治学を学んでいた。

ロンドンでは大いに学び、語り、飲み、そして騒いだ。まさに青春の日々。ヴィクトリア女王からエドワード七世に引き継がれたころのイギリスは、世界最強、あこがれの国だった。明治三五（一九〇二）年には日英同盟が締結され、日本のイギリス礼賛ムードはピークに達した。

帰国すると俊彌はすぐビジネスの世界に入ることはせず、近衛騎兵連隊に入った。少年時代から馬に乗るのを得意としていたのだ。日露戦争がはじまり、多大な犠牲の末に二〇三高地を奪い、国民の士気は高まった。俊彌は訓練や演習を重ねていたが、旅順開城、奉天陥落、日本海海戦となり、幸か不幸か出兵を体験しないまま戦争は終わった。

日露戦争の勝利により起業熱は高まり、さまざまな産業が勃興した。除隊した俊彌は、留学経験を活かし、日本の近代化の中で大きな需要が期待される板ガラスの製造に取り組むことを決意した。多くの先人が試みながらいずれも志半ばで挫折した板ガラス製造は、技術の蓄積がまだまだ足りない分野で、輸入品に歯が立たなかったのだ。

明治三九（一九〇六）年、俊彌はガラス器具を製造している島田孫市と、大阪島田硝子製造合資会社を設立した。ガラス王国ベルギーの技術を導入して製造する。俊彌の板ガラス人生の第一歩だった。

彌太郎、彌之助の岩崎両家は、それぞれ長男は後継者として三菱に入るが、次男以下は独立した。小彌太は三菱合資会社の副社長として従兄・久彌のもとで帝王学を学びはじめようとしていた。

次男・俊彌の起業を彌之助は大いに喜んだ。わざわざ大阪の工場を見に行ったりしている。しかし、現実は厳しい。俊彌がロンドン大学で勉強したというだけでは通用しない。製品の板ガラスは高くて売れない。質が悪くて買う人がいない。在庫が増える。島田とも意見が合わなくなる。事業の道筋はまったく立たない……。

だが、俊彌はあきらめなかった。

「困難は覚悟の上のこと。生涯をかけてでも国産化は成功させる」

と、父の彌之助に改めて決意を語る。俊彌は島田と袂を分かってベルギーの技術である手吹円筒法（鉄管の吹き棹に灼熱したガラス素地を巻きつけ直径三〇センチの円筒に仕上げる）で再挑戦する案を練った。明治四〇（一九〇七）年、尼崎に旭硝子株式会社を創立。出資額は俊彌と弟の輝彌で過半数を占めた。三菱合資会社の事業ではなく、岩崎家（分家）の事業という位置づけだったからである。早速板ガラス専門の大規模工場の建設が開始され、明治四二（一九〇九）年に完成。翌年、製品が市場に出た。が、それでも質・価格ともに輸入品に勝てない。

俊彌はあくまでもエンジニア。技術改良に意を注ぐ。一方で新技術の情報にアンテナを張っていた。そこでピンと来たのがアメリカの機械吹法。「これだ！」と自らアメリカに赴き、技術導入にあたった。大正三（一九一四）年、北九州の戸畑に最新鋭の牧山工場が完成する。累積赤字なんかで萎縮しない、堂々の設備だった。今度こそ大丈夫。

折から第一次大戦が勃発した。ヨーロッパからの板ガラスの輸入がストップした。国内市況は高騰し、板ガラス生産はまたたく間に累積赤字を吹き飛ばす優良事業になった。大消費地東京に近い鶴見では新しい工場の建設がはじまった。

創業から七年余。旭硝子にとっては無配の苦しい道程だったが、ついに果実は実り、経営基盤が確立された。それは俊彌の不屈の精神と卓抜した先見性のたまもの以外の何ものでもなかった。

さらに大正五（一九一六）年、尼崎に耐火煉瓦工場を建設、翌年には本社を東京に移転した。牧山にも第二工場を建設し、アンモニア・ソーダ法によるソーダ灰工場も竣工、板ガラスの原材料の自給体制を確立した。

その後もダイナミックな技術革新は続き、旭硝子は破竹の勢いで成長していった。そして大正一四（一九二五）年には南満州の大連に、満鉄と共同出資で昌光《しょうこう》硝子株式会社を設立し、大陸進出を果たしたのだった。

俊彌自身は心臓に持病があり、突然息苦しくなるときがあったが、日ごろはそんなことはおくびにも出さず、社長としての業務をこなし、工場を視察し、朝鮮や満州へ出かけることもあった。三人の娘に恵まれ、家族を大切にし、趣味の蘭の栽培に心をくだいた。

昭和五（一九三〇）年の秋、いつものように長女の八重子に、

「父が弱いがゆえにお前たちは人一倍母に面倒をかけた。母を大事に大事にするんだよ」

と言って、福井の曹洞宗発心寺での座禅の会に出かけた。三日目に体調を崩したが、一週間の参禅をまっとうし、俊彌は清々しい気持ちで京都へ戻ってきた。その翌日、高台寺のそばの別荘で突然倒れ、帰らぬ人となってしまった。五〇年の生涯だった。

俊彌が創業し、俊彌が二四年余り率いた旭硝子だったが、事業の継続に憂いはなかった。尼崎工場の建設段階から工務長として参画し、俊彌とずっと苦楽をともにしてきた山田三次郎が跡を継いで、軌道に乗った旭硝子の事業をさらに発展させていった。

今日、毎年二月下旬になると、東京ドームが蘭で埋め尽くされる。「世界らん展」。その会場の片隅に俊彌のコレクション『一八〇〇年代の蘭の古図譜』が展示されることがある。イギリス留学中に蘭に魅せられて買い集めた貴重本だ。帰国後、俊彌は蘭の交配や育種に熱中した。

物の本に、

「男爵岩崎俊彌氏邸の蘭栽培で殊に有名なのは……ファレノプシスアサヒなどの新種だ。和名が学名になっている……」

とある。俊彌の没後、北海道大学の植物園に約五〇〇種、二万七〇〇〇株におよぶ蘭が寄付された。

諸橋轍次――静嘉堂文庫と大漢和辞典

越後山脈に源を発し、やがては信濃川に流れ込む五十嵐川は、断崖の景勝「八木ケ鼻」の下を激して流れていく。そこは「漢学の里」旧下田《しただ》村(現在は三条市)。諸橋轍次博士の故郷である。旧下田村は、越後から会津へ抜ける街道筋だった。木立の中に杉皮葺き屋根の小さな二階建てがある。諸橋は明治一六(一八八三)年にその家に生まれ一四歳まで育った。学者になってからは、夏休みごとに三男の晋六(のち三菱商事社長)ら家族を伴って帰省し、松籟《しょうらい》の中で読書にふけった。現在は隣接地に「諸橋轍次記念館」が建設され、遺品や遺墨に人柄や偉業を偲ぶことができ、訪れる人も多い。

諸橋は東京高等師範を卒業すると、漢学の教授として母校に奉職した。その間中華民国になった大陸各地を旅行し、清朝以来の漢学者が途絶える可能性があることを察知すると、急ぎ留学することを決意した。大正八(一九一九)年から二年間中国に留学し、各地で碩学《せきがく》に学んだ。岩崎小彌太の援助を受けるにいたったのもこのときからである。中国では、原典による完全な解釈を施した完成度の高い辞典の必要性を嫌というほど痛感したが、後年自ら大漢和辞典の編纂に取り組むことになるとは思いもしなかった。

帰国して間もなく、高等師範で漢文の指導にあたるかたわら、岩崎小彌太に嘱望され静嘉堂の文庫長になった。静嘉堂は岩崎家の私設文庫で当時は高輪の本邸（現在の開東閣）にあった。文庫は清国の四大蔵書家の一人である陸心源の蔵書を中心に、和漢の蔵書を幅広く収集していた。諸橋は図書の調査、目録の作成、典籍の購入など文庫長としての任にあたった。

静嘉堂文庫は諸橋の研究の場であり、大正一二（一九二三）年に関東大震災で書架が倒れ蔵書が散乱したときは、大いに困惑した。

翌年、岩崎家の廟のある二子玉川の丘の上に、新しい文庫が建設されて移転した。そこには、多忙な三菱の総帥・岩崎小彌太社長が必ずと言っていいほど週末には足を運び、諸橋から中国の古典講義を受けた。後年、三菱の「三綱領」の撰を依頼されたのもその間のことだった。

昭和二（一九二七）年、大修館書店の要請に応じて、諸橋は漢和辞典の編纂に取りかかった。また同四年には、高等師範の敷地内に東京文理科大学（のち東京教育大学、現筑波大学）が創設され、諸橋が漢文科の編成にあたった。

漢和辞典は高い完成度を追求して構想がどんどん膨らんだ。膨大な作業は戦時体制で中断されることもなく粛々と進められた。

終戦直後、宮内庁から諸橋に遣いが来た。皇太子（今上天皇）への漢学の進講を委嘱される。御進講は殿下の学習院卒業まで続いた。昭和三五（一九六〇）年の皇孫浩宮様（現皇太子）御誕生の際は「御名号《ごみょうごう》・御称号《ごしょうごう》」の勘申《かんじん》（先例や故事来歴を調べて上申すること）を依頼された。礼宮様、紀宮様のときも同様であった。

諸橋は昭和四〇（一九六五）年に文化勲章、昭和五一（一九七六）年に勲一等瑞宝章を受けた。そして昭和五七（一九八二）年に九九歳で没した。座右の銘は、論語にある「行不由径」（行くに径《こみち》に由《よ》らず）。径は小道すなわち近道のことで、近道せずに大道を一歩一歩着実に歩むという意味である。

三〇年を超す膨大な作業を経て昭和三五（一九六〇）年に完成された大漢和辞典の編纂は、まさしく「行不由径」の日々であった。

では、この世紀の大事業、大漢和辞典の編纂について述べよう。

諸橋轍次博士は言う。

「漢字・漢語の研究なくして東洋文化の研究はありえない……。中国に『康熙《こうき》字典』『佩文韻府《はいぶんいんぷ》』などの大辞典があるにはあるが、語彙が少なかったり解釈が不十分だったり……」

中国留学中、各地に碩学を訪ねて学んだ諸橋は、内容の充実した大辞典の必要性を痛感していた。帰国して静嘉堂の文庫長になったが、昭和二（一九二七）年、大修館書店の鈴木一平社長に懇請され、漢和辞典の編纂事業に着手した。

初めは主として、諸橋が教鞭をとっていた大東文化学院（現大東文化大学）の学生たちが力となり、分担して膨大な典籍から漢字と熟語を集めカードに整理していった。遅れて、生涯の友となった近藤正治のほか、東京文理科大学出身の小林信明、渡辺末吾、鎌田正、米山寅太郎らが事業に参加した。最終的に集めた漢字は五万、典拠を明示し用例を掲げた語彙は五〇万におよんだ。

カード整理の次は辞典の原稿の執筆。それに諸橋が手を入れる。印刷所も手持ちの八〇〇〇字程度の鉛活字を五万字以上六種類の大きさを揃える作業に着手。活字は文選工と呼ばれる熟練工がひとつひとつ拾って版に組む。試し刷り。ゲラに朱が入って版の組み直し。また試し刷り。そしてまた校正。際限のない作業である。

何回夏が来て、何回冬が来たことか。ついに一万五〇〇〇ページ分の版ができ上がる。この間、日本を取り巻く情勢は緊迫の度を増し、物資は不足、食糧の確保も困難を伴った。そんな中で、昭和一八（一九四三）年、第一巻が出版された。紙は統制品で、出版元である大修館の苦労も並大抵のことではなかった。

ところが昭和二〇（一九四五）年二月、東京大空襲。版とすべての資料が灰となった。関係者の落胆いかばかりだったか。しかも、酷使し続けた諸橋の右目は失明、左目もやっと明暗がわかる程度であった。

八月、終戦。国の再建がはじまった。諸橋たちもよみがえる。幸いゲラ刷りが三部残っていた。焼けた鉛活字は戻らないが、写真植字を発明した石井茂吉が五万字をペンや筆で描く作業を引き受けた。諸橋たちは寝食を忘れて最後の仕上げに没頭した。

企画がスタートして三二年余、大漢和辞典はついに全一三巻が出揃う。昭和三五（一九六〇）年、まさに世界的偉業だった。

それは多くの人に支えられて達成できたものだったが、諸橋の心を支えたのは故郷下田村への愛かもしれない。のちに文化勲章など数々の栄誉に輝いた諸橋だが、三男の晋六氏はこう回想する。

「おやじは本当に故郷を愛していた。最もうれしかったのは、名誉村民に選ばれたことだったんじゃないかな……村の小学校の校歌を作詞したときは心底うれしそうだった……」

諸橋は大漢和辞典完成直後から、「オックスフォード辞典も……一〇〇年の歳月を要して後人が補修している……」と、後継者による修訂を願っていた。存命中に鎌田や米山がその委嘱を受けたが、原典にあたって確認する作業が膨大で、修訂版が刊行されたのは諸橋が没した後、昭和六一（一九八六）年だった。平成二（一九九〇）年には語彙索引として第一四巻、同一二年に補巻として第一五巻が出された。

大漢和辞典は不滅である。

山本喜誉司――ブラジルの日系コロニア

山本喜誉司《きよし》、ほとんどの読者はご存じないだろう。が、ぜひ書きとめておきたい。戦後混乱期のブラジル日系人社会（日系コロニア）をまとめた山本、ブラジルで知らない人はいない。東京帝国大学の農学部を卒業した山本が、三菱に入って岩崎久彌社長から与えられた任務は海外での農場経営だった。最初は中国での綿花事業に携わり、やがてブラジルに派遣される。大正一五（一九二六）年だった。山本は入念な調査の末、コーヒー栽培の地としてサンパウロ郊外のカンピナスの丘陵を選んだ。「東山農場」（「東山」は岩崎彌太郎の号）のスタート。三七〇〇ヘクタール（ざっと六キロ×六キロ）である。

翌年、三菱の資力をバックに合資会社「カーザ東山」が設立され、やがて総支配人として君塚慎が着任した。カーザ東山はコーヒーの取り扱いを開始。これにより日系の生産者は悪徳業者の圧倒的に不利な条件から解放された。担当の山本は融資や買い付けのために広いブラジルを駈け回った。絹織物、酒造、肥料、工作機械、鉄工、柑橘加工などにも事業を拡げ、さらには銀行まで設立して、カーザ東山は日本人移民の生活を支えた。昭和一五（一九四〇）年に君塚が三菱本社の常務として帰国すると、総支配人には山本が昇格した。

山本は久彌社長の「ブラジルの土になるつもりで……」という言葉をしっかり受けとめ、戦時中の差別と不自由にも耐えた。戦後日系コロニアは戦勝を信ずる勝ち組と敗戦を認める負け組がいがみ合い殺人事件にまで発展する状態に陥ったが、山本は双方に冷静になることを必死に呼びかけ、かたわら日系人の権利回復に奔走した。

昭和二八（一九五三）年、山本は日本の衆議院の外務委員会に参考人として呼ばれ、ブラジルの凍結資産解除の現状について述べた。

「……上院と下院の間を駈け回って……ついに日本人の資産凍結を解除してもらうところまで来ました。……不在地主の場合もあとは手続きの問題で……目下君塚大使に外交交渉をお願いしております……政府レベルでもうひと押しというところまで来ております……」（「第一五回国会外務委員会議事録」）

翌年はサンパウロ市建設四〇〇年祭。山本の強いリーダーシップで日系コロニアが日本館を建設してサンパウロ市に寄贈することになるが、この過程のたび重なるコミュニケーションにより勝ち組・負け組の憎悪や怨念がようやく収斂《しゅうれん》する方向に向かっていった。山本の人柄と実行力に負うところが大きかった。

　山本発言の中の君塚大使とは、かつてカーザ東山の総支配人だった君塚慎のことである。昭和二七（一九五二）年、戦後初の駐ブラジル大使として民間から起用された。「日系コロニアをまとめるには君塚氏の人柄と見識が必要」（サンパウロ人文科学研究所編『山本喜誉司評伝』）という山本の直訴に、時の首相・吉田茂が心を動かされて決めた。三菱のＤＮＡを持つ山本・君塚の二人のあうんの呼吸が、日系コロニアを正常化させ、日本・ブラジル両国の安定した関係を再構築し今日にいたる流れを作ったといえる。

　山本はもともと学究肌で、コーヒーの害虫駆除に有効なウガンダ蜂の研究で東京大学から農学博士号を得ている。昭和三八（一九六三）年、七一歳のとき肺癌で帰らぬ人となったが、癌告知にも動ぜず最後までニコニコとして日系コロニアのために労を惜しまなかった。「今日の日系人社会があるのは山本さんのおかげ」と、今でも多くの人に敬愛されている。三菱が誇るべき国際人の一人である。

澤田美喜――彌太郎の孫娘

澤田美喜は明治三四（一九〇一）年、三菱合資会社社長の岩崎久彌の長女、創業者岩崎彌太郎の孫として茅町本邸で生まれた。男の子が三人続いての四番目の子。美喜の竹を割ったような性格を大いに気に入った祖母・喜勢は、兄たちのお古を着せ、取っ組み合いを良しとし、折にふれ祖父・彌太郎のスジを通す性分を語って聞かせては言った。

「美喜が一番おじいさまに似ている。男の子でないのが残念、残念」

美喜はお茶の水の東京女子高等師範学校（現お茶の水女子大学）の幼稚園に入り高等女学校に進んだが、中退して津田梅子らに英語を学んだ。

二〇歳で外交官の澤田廉三と結婚、クリスチャンになる。外交官夫人としてアルゼンチン、北京、ロンドン、パリ、ニューヨークと移り住む中で、持ち前の英語力と物怖じしない性格とから現地の社交界に迎えられ、国際感覚を磨き、幅の広い人脈を築いていった。

ロンドンでは毎週教会に通ったが、ある日、誘われて郊外にある孤児院「ドクター・バーナードス・ホーム」を訪ねる。こざっぱりした宿舎。きれいな礼拝堂。緑に囲まれた広い敷地には、小学校から中学・高校まであり、職業訓練施設もある。ボランティアの人たちが生き生きとして働いている。そして何より子どもたちが明るい。美喜は感動し、それから毎週末、バーナード博士のもとで孤児たちのために汗を流して心に潤いを得たのだった。

パリではマリー・ローランサン（フランスの女流画家）に絵の指導を受けたり、琥珀色の歌姫といわれたジョセフィン・ベーカー（アフリカ系ミュージカル・スター）と親友になるなど、華やかな社交界の生活を満喫した。昭和一一（一九三六）年にニューヨークから帰国。翌年、盧溝橋事件が勃発した。日本は急速に戦争に傾斜していった。

第二次大戦後、日本に進駐した米兵と日本人女性との間に多くの混血児が生まれた。祝福されずにこの世に生を受けてしまった子ら。多くが父も知らず、母からも見捨てられていく。

ある日、満員列車で美喜の目の前に網棚から紙包みが落ちてきた。黒い肌の嬰児の遺体だった。美喜の頭に血がのぼり、心臓が激しく鳴った。イギリスの孤児院ドクター・バーナードス・ホームの記憶が突然よみがえった。美喜は天命を覚えて身震いした。

「日本には今、大勢の祝福されない混血孤児がいる。そうだ、私はこの子らの母になる……」

夫の理解も得た美喜は憑かれたように行動を開始した。ＧＨＱに日参し、

「大磯の旧岩崎家別荘に混血孤児たちのホームを作らせてほしい」

と訴えた。混血孤児の問題は直視したがらない人が多かったが、教会関係者や一部の在日アメリカ人、それに使命感に燃えた人々に支えられ、美喜はあきらめなかった。

執拗に陳情を繰り返す美喜の希望が叶うときが来た。ただし「物納された別荘を買い戻すならば」との条件付きだった。美喜は寄付を募り、私財を投入し、なお足りない分は借金に駆け回った。GHQの指示ですでに資産を凍結された父・久彌は、

「世が世だったら、大磯の別荘くらい寄付してやれたのに……」

と嘆いた。

昭和二二（一九四七）年、美喜はついに別荘を買い戻し、ドクター・バーナードス・ホームのように学校も礼拝堂もある「エリザベス・サンダース・ホーム」（イギリス人女性が遺した一七〇ドルが建設基金第一号になったのでその名に因んだ）をスタートさせた。美喜、四六歳だった。

焼け跡、闇市、失業、貧困、浮浪児、街娼……。みんな、自分のことだけで精一杯だった。黒い子、白い子、祝福されずに生を受けた混

澤田美喜と「わが子」たち

血の子どもたちが、母に連れられて、駅に捨てられて、あるいは門前に置き去りにされて、この大磯のエリザベス・サンダース・ホームに引き取られた。澤田美喜はもちろん保母たちも寝る時間を削っての懸命の毎日だった。

パリ時代からの親友ジョセフィン・ベーカーが、美喜がエリザベス・サンダース・ホームを作ったことを知ると、すっ飛んできて、日本各地で公演し、資金確保に協力してくれた。その上、ホームの孤児二人を自らの養子として引き取ってくれた。

だが、世間は冷たく無神経だった。混血孤児たちが町に出ると露骨な好奇の目に曝された。「△△△△だぁ」「××××の子よ、やあねぇ」と差別語が飛び交い、思わず美喜が、

「この子たちに何の罪があるというの！」

と、金切り声をあげることもあった。

昭和三三（一九五八）年には創立一〇年記念の写真集『歴史のおとし子』が出版された。新聞や雑誌でも紹介され、敗戦のショックから立ち直りつつあった人々の感動を呼んだ。その本に、多くの混血孤児を養子として育てているパール・バック（作家、ノーベル文学賞受賞）が序文を寄せた。彼女はここまで漕ぎつけた美喜の事業をたたえながらも、「幼い孤児たちを幸福にしてやるのはそれほど難しいことではない」とクールに述べた上で、「子どもたちが大人

になったとき、澤田夫人は同胞の男女の助けを必要とするだろう」とさらなる試練を予言した。

そう、混血孤児たちの試練はこれからが本番だった。ホームは敷地内にステパノ小中学校があり、いわば保護区だったが、最大の難関は子どもたちの社会への適応だった。美喜は、無条件の優しさは保母たちにまかせ、厳格な「ママちゃま」として振る舞った。厳しい躾けを通じて社会の偏見と差別に耐えられるだけの免疫を作る。

とくに黒い肌の子には、愛しい「わが子」なるがゆえの愛の鞭。実際、それに耐え、強くなった者だけが、その後正々堂々の人生を切り拓いたのだった。後年、彼らは美喜への感謝の念を込めて、「ママちゃまは理不尽大魔王だったからなあ……」と回顧している。

その一方で、残念ながら偏見に耐えられず問題を起こした卒業生の身柄を、美喜が警察に貰い受けに行ったことは数えきれなかった。

エリザベス・サンダース・ホームは二〇〇〇人に近い混血孤児を育て、半数近くを日本より偏見の少ないアメリカに養子として送り出した。さらに、より偏見の少ないブラジルのアマゾンに土地を買い、小岩井農場や三菱重工で技術を身につけさせた上で子どもたちを送り出したが、この方は一六年間の悪戦苦闘の末に挫折した。

美喜の、子どもたちの母としての愛情と厳しさは晩年になっても変わらなかった。子どもたちには身を挺して接し、子を置いていった母からの手紙に返事を書き、あるいは挫折しそうな卒業生の相談相手になった。それが一段落すると、わが身に鞭を打って講演の旅に出、世界に散らばった「わが子」たちを訪ねた。

昭和五五（一九八〇）年、美喜は妹の福沢綾子（福沢諭吉の孫・堅次の妻）とスペインへの講演旅行に赴いたが、地中海のマジョルカ島で体調を崩して入院し、心臓麻痺により七八歳でこの世を去った。とくに「わが子」たちには辛い知らせだったが、国際人美喜らしい終焉でもあった。人生を燃焼し尽くした「彌太郎の孫」だった。

【参考・引用文献】

『三菱社誌』全四〇巻、三菱社誌刊行会編（東京大学出版会）
『岩崎彌太郎傳』上・下巻、岩崎家傳記刊行会編（東京大学出版会）
『岩崎彌之助傳』上・下巻、岩崎家傳記刊行会編（東京大学出版会）
『岩崎久彌傳』岩崎家傳記刊行会編（東京大学出版会）
『岩崎小彌太傳』岩崎家傳記刊行会編（東京大学出版会）
『岩崎彌太郎日記』岩崎彌太郎・岩崎彌之助傳記編纂会編
『岩崎東山先生傳記』奥宮正治著（三菱経済研究所）
『美福院手記纂要』奥宮正治編（三菱経済研究所）
『三菱史料館論集』三菱経済研究所編

その他、三菱各社の社史、経営資料なども参考にしました。

『日本財閥史』森川英正著（教育社）

『日本財閥経営史　三菱財閥』三島康雄編（日本経済新聞社）
『財閥の時代』武田晴人著（新曜社）
『黒い肌と白い心　サンダース・ホームへの道』澤田美喜著（創樹社）
『岩崎小彌太　三菱を育てた経営理念』宮川隆泰著（中央公論社）
『岩崎小彌太書簡集』静嘉堂編
『田中完三翁遺稿集　九十五歳の記』牧兼之編
『諸橋轍次博士の生涯』漢学の里・諸橋轍次記念館編（新潟県下田村役場・大修館書店）

写真協力　三菱史料館
本文ＤＴＰ・カバーデザイン
株式会社テイク・ワン

岩崎彌太郎物語

「三菱」を築いたサムライたち

第一刷発行――二〇一〇年三月一〇日
第二刷発行――二〇一〇年四月 二日

著者――成田誠一

編集人――祖山大
発行人――松藤竹二郎
発行所――株式会社 毎日ワンズ
〒一〇一－〇〇六一
東京都千代田区三崎町三－一〇－二一
電話 〇三－五二一一－〇〇八九
FAX 〇三－六六九一－六六八四

印刷製本――株式会社 シナノ

ISBN 978-4-901622-47-9